冲突

从『未开社会』到现代社会的人类学研究

〔日〕栗本英世 —— 著
旦却加 —— 译

未開の戦争　現代の戦争

九州出版社

图书在版编目（CIP）数据

冲突：从"未开社会"到现代社会的人类学研究 / （日）栗本英世著；旦却加译. -- 北京：九州出版社, 2024. 9. -- ISBN 978-7-5225-3351-3
I. C912.4
中国国家版本馆CIP数据核字第20246V0T51号

MIKAI NO SENSO, GENDAI NO SENSO
by Eisei Kurimoto
©1999 by Eisei Kurimoto
Originally published in 1999 by Iwanami Shoten, Publishers, Tokyo.
This simplified Chinese edition published in 2024
by Jiu Zhou Press, Beijing
by arrangement with Iwanami Shoten, Publishers, Tokyo

著作权合同登记号：01-2024-3276

冲突：从"未开社会"到现代社会的人类学研究

作　　者	［日］栗本英世 著　旦却加 译
责任编辑	郭荣荣
出版发行	九州出版社
地　　址	北京市西城区阜外大街甲35号（100037）
发行电话	（010）68992190/3/5/6
网　　址	www.jiuzhoupress.com
印　　刷	北京捷迅佳彩印刷有限公司
开　　本	880毫米×1230毫米　32开
印　　张	6.5
字　　数	122千字
版　　次	2024年12月第1版
印　　次	2024年12月第1次印刷
书　　号	ISBN 978-7-5225-3351-3
定　　价	48.00元

★版权所有　侵权必究★

译者序

社会变迁越发加速的今天，人类社会面貌日新月异，各种文化、观念与制度在冲突与融合中不断演进。在这样的背景下，回首人类社会的发展与变迁，探寻那些未开化社会与现代社会之间的冲突与对话，对于我们理解人类社会的本质与未来走向显得尤为重要。

本书是关于冲突人类学、战争人类学、和平人类学等领域的专业研究成果，也是一部对人类历史、文化和社会发展的全面反思和深入探讨的著作，因此，无论是人类学者、社会学家还是普通读者，只要对他者及异文化感兴趣，这本书都将为你带来深刻的启示和收获。当人们拿着各种武器站在威严的战场上唱歌跳舞时，你会惊讶地发现他者的冲突是一种异象。对他们而言，冲突仅仅是为了建立相互的敌对关系。然而，近代欧洲殖民军队的入侵给这些国家和地区带来了深刻的社会变迁。换句话说，在现代冲突还没出现之前，"未开社会"的冲突形态是一种表象的无秩序和本象的秩序状态。当现代冲突以一种对敌人的非人性化的方式展开时，这种本象的秩序恰恰是一种表象的无秩序。作者对这种秩序与无秩序，未开化社会与现代社会之间的冲突与对话的探讨，揭示了人类社会在发展过程中所经历的冲突与变迁、冲突对于人类文化和社会结构的影响，以及如何塑造人类社会的多样性与复杂性等内容。

对于译者而言，翻译本身不仅仅是语言转换的过程，更是一种文化交流与理解的方式。在此过程中，跨越语言与文化的障碍去了解不同国家、不同民族的文化与历史，是一个非常享受的过程。而克服语言与文化上的障碍虽然是翻译工作者的基础素养之一，但在遇到一些难理解的文化现象时，还是需要反复推敲词句，力求准确传达作者的意图。然而，因译者水平有限，译文并不一定能够满足所有读者的期待和要求，敬请谅解！

最后，感谢本书原作者栗本英世教授的辛勤付出与卓越贡献，为我们呈现了一部如此精彩的人类学著作。同时，也要感谢九州出版社的支持，有机会将这本书呈献给广大读者。目前，国内以人类学的视角研究冲突问题的学术成果非常少，相信本书的出版能为广大读者提供一个了解人类社会多样性与复杂性的窗口。

2024 年 6 月 3 日，西宁

前言
战争与和平，以及人类的形象

人类历史的长河中已经发生过不计其数的战争，当我们从人类的生存时间和空间的角度来看这些战争时，战争可能属于一种特殊的社会状态或阶段。相较之下，人类社会在更为广泛的时间跨度内，普遍享受着和平与安宁的生活。

一些关于战争的问题，常常会让我们觉得非常棘手。当有人问及战争的本质是善还是恶的时候，也许多数人以肯定的方式回答"战争是恶"。因为，战争往往使人类的生命和财产遭受暴力性破坏。在某种正在发生战争的空间中，日常生活中被禁止的暴力和杀戮等违反道德的行为却被正当化，在这里我们可以非常清楚地看到颠倒日常价值观的行为。本来应该属于"恶"的战争，因族群和集团的情怀，而产生了非常强烈的集体性感情。一些日常生活中被隐蔽的、被压制的社会行为，在战争中就像摆脱了桎梏一样一下子喷出表面。如果确实是这样的话，战争会使人类显现出本性。那么，人类的本性到底是和平性的还是战争性的，这个问题关系到人类存在的本质问题。如果人类在本性上是属于和平性的，那么战争只是暂时性的非日常状态，随时都会终结，并恢复到原有的和平状态。相反，如果战争在人类生活中属于日常状态的话，那么和平只是战争之间一时停顿的状态而已。人类稍有怠慢，就很难保持持续性的和平状态。没有强制力的规章制度和道德，短暂的和平就会崩溃，战争就会再次发生。历史和现实中显示的人类到底属于以上哪一种状态呢？"事实上，在社会科学的领域中，关于战争与和平的一系列问题，在以霍布斯和卢梭为代表的两种人性观理论中表现出来"[1]。

这两种人性观理论，一直以不同的表现形式解释人类的本性。17世纪英国的政治思想家托马斯·霍布斯（1588—1679）在其著作《利维坦》（1651）中指出，在自然状态之下，人类本质上享有最大限度的自由，其通过一种被形象地描述为"万人对万人的战争"方式维护个体权利，但是这并不意味着人类本性倾向于暴力。然而，从霍布斯理论视角出发，人类在被认为会出于自我保护与利益最大化的考量时，可能不惜采取暴力手段对待他人。这种"未开社会"的无序状态，唯有在人类主动让出部分自然权利，并通过相互间签订契约，共同推举出一个主权代表，以"国家"这一组织形态为载体进行委托管理时，方能得以超越与改善。作为近代社会契约论的代表学者的霍布斯提出，对于原始社会的人类而言，战争是一种日常生活。

法国的启蒙思想家卢梭在其著作《论人类不平等的起源和基础》（1755）中提出与霍布斯完全不同的人性观，即自然状态下的人类是纯洁的，对他者拥有怜悯的感情，过着一种平等的生活。人们在幸福社会的状态下逐渐开始了农业生产和铁器制作，并逐渐拥有了私有财产，产生了贫富差距，社会发生了巨大的变化，人类出现相互斗争的行为。"强者的权利和最初的占有者的权利之间发生了无尽的冲突，而这样的状态只能以斗争和杀戮的方式才能终结。在此状态下，刚诞生的社会就只能对战争状态的社会让位了"[2]。

霍布斯设想的社会发展趋向，是从无秩序（战争）到秩序的一种发展模式，而卢梭设想的是一种完全相反的社会发展趋向，即从秩序到无秩序的发展模式。卢梭在其名著《论人类不平等的起源和基础》中，构想了一个未被文明弊端所玷污的社会愿景，那是一个宛若"高贵的野蛮人"般纯真无瑕、和谐共处的理想国。事实上，在现代社会中依然强烈地存在着这两种不同的人性观理论。比如，"攻击是人类的本性"这句话作为动物行为学、社会生物学、精神分析学等学科的基础理论，来源于霍布斯的人性观理论，而卢梭的人性观研究则表现在社会进化过程中对最低级的狩猎采集者的人类学研究。作为典型的民族志，特恩·布尔在1961所著的《森林人》和伊丽莎白·托马斯在1959年的著作《赫姆雷斯人》，是对姆布蒂人、俾格米人和桑人（Bushman）的研究。这些狩猎采集者被描写成不懂战争的和平人。因此，对现代狩猎采集者而言，人类学家发现了"高贵的野蛮人"①。"然而,事实上这两个人性观理论就像一个硬币的正反面。即在战争与和平之间,无论倾向于战争还是和平,从理论层面而言,两者皆是人类行为不可或缺的一部分,而其前提是作为一种不可验证的人类本性的自然状态"[3]。

在此意义上,两个对照性的人性观理论都可以说是一种"本质主义"的存在。在人类的某个阶段,是否真的存在一种本质上属于战争性或和平性的社会呢?要回答这个问题,我们可以举出日本人的案例。从明治以后到第二次世界大战结束为止,日本人被外国人认为好战性很强,而日本人自己也对战争持有一种肯定的态度。江户时代的日本社会除了农民和市民的暴动以外,并没有持续近百年或数十年的战乱。也就是说,在某个社会中"战争是日常还是和平是日常"这个问题,只能根据当时的社会状况来解答。首先,我们的重点并不在于理解战争的"本质",而是对"现实"进行思考。"战争"并非一个含糊不清,或像一种恶魔或怪物的心理现象,应该举出一些具体的案例来对其进行分析。所谓的战争,只是人类在生活当中所创造的一种行为而已。那么这种行为在人类社会中是怎样被组织、被动员、被实践的?我们有必要进行深入研讨。

---

① 《赫姆雷斯人》的作者伊丽莎白·托马斯的专业并不是人类学,但她的两部著作均深刻聚焦于人类个体,并且没有使用枯燥无味的写作方式,而是用一种文学叙述的方式,这在当时是突破了传统民族志写作的一种作品。她也许是受到了卢梭的影响。

本书以人类学的方法对战争进行了探索研究。战争在过去和现在都是人类社会中一项非常重要的活动，而且在未来也极有可能如此。因为，至少在不久的将来，战争是不会从地球上消失的。战争与经济、人口、社会组织、政治权利以及文化思想体系等之间有着密切的联系，同时也会对它们造成巨大的影响。战争研究是与社会和文化相关联的一种综合性研究，其中也有一些有趣的地方。本书也可以说是对战争论和战争观的研究（导论和第一章）。除了对战争的讨论以外，也有对人性观和社会观的阐释，这可以说是一个非常新颖的主题。事实上，战争本身的研究始终离不开战争观的批判性争论。因为，所有的研究都需要基于某个研究对象和特定的框架，根据这样一种特定的框架才可以展开进一步研究。

人类学对战争的研究是以所谓的"未开社会"[①]的战争为研究对象的。亚洲、非洲、美洲等社会中发生的战争虽然多样但拥有一种共同的特性。对于不同战争的动机和目的、组织方法、战术和武器以及战争所导致的结果等的研究对于解答"对于人类而言战争是什么"这个问题有着非常重要的意义（第二章和

---

① "未开"一词是"文明"的反义词。近代欧洲以对自己和他者之间的认识为基础分类的二元性思想体系受到了各种各样的批评。在现代人类学的领域中使用"未开"一词时必然会用引号，本书中也使用引号将它括起来。在本书中使用的"未开"一词指的是无国家状态的社会，即根据社会进化论而言，指狩猎采集的社会、部落社会、酋长制社会的三个阶段。

第三章）。而这些研究的要点之一，是不同社会集团的人们的合作或分裂，即社会认同对战争的影响（第三章）。

事实上，"未开社会"这一概念，源于近代欧洲以"自我＝文明，他者＝未开化"的分类方式，并以此为基础而成立的。通过这个概念，不仅将非欧洲世界置于社会进化序列的下游，视其为落后的阶层，还隐含了一种超越时间框架、忽视历史连续性的偏见。即，如果世界上有一种纯粹的"未开社会"的话，那么它应该是与欧洲社会接触之前的一种存在。

然而，在人类学领域内，基于"未开社会"资料所编纂的民族志文献，绝大部分源自与近代欧洲社会发生接触后，对这些社会进行的系统性调查与记录。这一现象是因为人类学作为一门新兴学科是在近代欧洲兴起的，从事人类学研究的学者群体主要由欧洲人构成。因此，对于多数"未开社会"的战争记录，也是这些社会与欧洲社会接触后所引发的变革过程。具体而言，欧洲凭借其军事上的绝对优势与非欧洲世界接触，通过反复的军事冲突与殖民活动，塑造了历史的走向，这一侧面事实具有极其重要的历史意义。这一现象在人类学领域内得到了深入剖析，特别是在近代人类学家频繁撰写的关于政治与历史的再审视及自我批判性著作中，该历史事实被赋予了更为丰富和复杂的学术内涵。

欧洲社会以军事的方式征服"未开社会"的战争，也是本书的焦点之一（第四章）。在"未开社会"的立场上，这是一种对支配的反抗，在历史学中被称为"早期反抗"。实际上，这种早期反抗在第二次世界大战之后，特别是在非洲的殖民社会中以独立为目的的民族势力兴起时，担负着一种象征性的意义，而它不会只停留在这种象征性的意义上，因为在独立和解放的斗争中早期反抗的传统会再次建构并活化。

本书的最后一章是以冷战结束后的现代社会中所发生的战争为主要考察对象（第五章）的。目前，世界各地仍然频繁发生武力冲突。现代战争的一个显著特点，是其并不是以国家为单位动员正规军战斗，而是与地域、民族、宗教等不同主体相关的国内冲突。在这些冲突中使用的武器以轻型武器为主，而长期且持续进行的冲突导致多数非战斗人员的牺牲。这种武力冲突被人们称为内战、民族冲突、宗教冲突等，其多数当事人是过去的"未开社会"人。人类学家从早期殖民到现在，对"未开社会"或曾经的"未开社会"不断地进行调查。这样一种历时性的探索所积累的知识内容非常庞大，这些内容可从人类学的视角为目前正在发生的战争以及对战争的理解做出一些贡献。然而，学界对于这些内容的研究才刚刚开始。

综上所述，本书以"未开社会"的战争、"未开社会"与近代欧洲接触过程中发生的战争、"未开社会"为了从殖民社会中独立而发生的战争，以及目前在世界各地正在发生的战争等持续性战争为主要研究对象，目的是深入剖析"未开社会"的近现代史，追溯其在近现代史中的形象。笔者在本书中试析的内容也许仅仅是一种探索，分析的内容中也可能存在一些首尾不呼应的地方。然而，本书的内容具有非常重要的意义。目前，在世界各地发生的许多战争并非动用国家正规军，或国家为了主权而发动的战争，更不是在以往的政治学和国际关系论中所概括的近代社会的正统战争。

笔者在非洲东北部的田野调查经历可以说是对"战争"这个主题感兴趣的背景。1978年到1985年间，笔者对南苏丹的帕里人（Pari）社会进行田野调查，1986年以后又对埃塞俄比亚西部的阿努亚克人（Anywaa）社会进行长期的田野调查[①]。帕里人和阿努亚克人都属于说西尼罗提语（Nilotic）的民族集团。南苏丹在非洲各国中属于市场经济的渗透和国家统治的确立度非常低的地区。因此，很多人类学家认为当地依然存在以前的那种"未开社会"。笔者在当地耳闻和目睹过很多相同年龄集团之间或村落之间因为礼仪性的斗争、报复杀人、牲畜的掠夺等而发生的冲突事件。笔者当时感到非常惊讶，发现自己以前在人类学教科书中看到的内容原来在现实社会中真实地存在着。虽然这个地区一眼望去都是传统社会，但是实际上从19世纪中期开始，欧洲人从白尼罗河流域逆流而上初次来到此地，当地居民就第一次与外部世界接触，而当地在这之后发生了很

[①] 本人以冲突为焦点作为田野调查的成果出版了《民族紛争を生きる人々》（栗本 1996）。

大的变化，20世纪初他们又被英国人统治。1956年苏丹独立之后，南部以独立为目的发起了第一次内战。在笔者进行田野调查期间已经开始了第二次内战。帕里人为了解放社会积极参加战斗，以游击队的方式与政府军作战。那些原本生活在传统意义上被视为"未开化社会"中的人们突然间在现代史的舞台上崭露头角，对当时的笔者无疑构成了一种深刻的精神冲击。

笔者在田野调查期间，目睹了以短矛为主要武器的传统战争和用自动步枪武装的现代内战。但是，这两种战争并不能被明确地区分，因为它们并不是从传统的战争一下子转化成现代战争的。在历经反抗侵略者的首战与后续内战的深刻洗礼后，民众心中交织着错综复杂的记忆与经验，而与此同时，又一场战争悄然拉开序幕，这一切恰与笔者深入田野调查的时光重叠。笔者的调查对象从南苏丹转移到与其相邻的埃塞俄比亚西部之后，继续在当地经历了从"未开社会"战争到现代战争的阶段。实际上正是这种经验，使笔者认识到民族志本身在某个特定的民族集团居住的时间和空间下是不能完成的事实。帕里人和阿努亚克人的战争史，所反映的是民族集团与国家之间的关系，以及这些集团关系的历史。基于这种政治背景而产生的关系，需结合特定的历史情境来理解。对笔者而言，在非洲东北部的田野调查是初次经历现实的战争。而在日本，笔者不但从来没碰过自动步枪而且连见都没见过，更没有亲身感受过国家武装军队的存在。对苏丹和埃塞俄比亚的人们而言，战争和武器是现实生活中非常重要的一部分，也是扎根于社会记忆中的一种存在。

当代日本人出生在战争的现实性非常稀薄的社会中。然而，对世界上的很多人而言，战争在现实生活中正在发生。我们需要想象战争的现实性力量，有必要从各种角度来重新审视战争。

文献来源

1. Robarchek1989:31;Harrison1993:2-3;Keeley1996:5-8.
2. ルソー　1972：103。
3. Robarchek1989:31-32.

目 录

导论 人性中的攻击性根源与战争观念 …………………… 001
 第一节 人类的本性和攻击性：霍布斯的人性观理论……002
 第二节 和平的研究：卢梭的人性观理论……………………011
 第三节 战争与性别………………………………………………021
 第四节 史前社会的战争…………………………………………027

第一章 战争人类学的方向和范围 ……………………………… 039
 第一节 战争的定义………………………………………………040
 第二节 战争研究的两难困境……………………………………044
 第三节 对武器和战术的兴趣……………………………………051
 第四节 什么是"未开社会"的战争："未开社会"的战争
     和"真正的战争"之间的分水岭…………………056

第二章 "未开社会"的战争形态与理论探析 …………………… 067
 第一节 "未开社会"的战争民族志………………………………068

第二节 "未开社会"战争的自然发展 ……………… 081
　　第三节 动机和原因 ………………………………… 092

第三章　集团的组织与战争之间的关系：战争观的转换 …… 101
　　第一节 集团的认同和斗争：美拉尼西亚的案例…… 102
　　第二节 从美拉尼西亚到非洲东北部：年龄组和战争… 106
　　第三节 被模仿的军事组织 ………………………… 114

第四章　"早期反抗"：连接过去与现在的抗争轨迹与启示 … 123
　　第一节 关于"早期反抗"的研究 ………………… 124
　　第二节 "雅坎"信仰和"麻吉麻吉"运动 ……… 129
　　第三节 殖民地的状况和民族志 …………………… 135
　　第四节 "早期反抗"和现代社会 ………………… 139

第五章　内战和民族冲突：现代人类学的课题 ……………… 145
　　第一节 现代战争的特点 …………………………… 146
　　第二节 武力冲突的主体和目的 …………………… 152
　　第三节 现代非洲的游击战 ………………………… 157
　　第四节 内战的影响和人类学 ……………………… 161

参考文献 ………………………………………………………… 177

导论

人性中的攻击性根源与战争观念

第一节　人类的本性和攻击性：霍布斯的人性观理论

有关政治集团之间攻击行为的战争的研究，与关于个人攻击性的心理学方法和动物行为学研究有一定的重叠。事实上，学术界一直认为攻击性和暴力，作为一种理性的行为潜伏在人类心灵深处，而它的爆发常常使人类表露出其自然性或动物性的一面。然而，动物生态学研究的发展，已经证明了与野兽相比，人类才是一种攻击性更强的生物。特别是同类间出现的大量的相互杀戮，使人类成了一种异常的动物。早期相关方面的学者一直研究的主题就是"人类的攻击性到底是基于本能还是后天习得的"，这是他们从19世纪以来一直争论的问题，亦即"nature versus nurture"这个问题。换言之，这个问题也是霍布斯和卢梭关于人性观的论争。

美国著名的心理学家及哲学家威廉·詹姆斯（1842—1910），在其学术生涯的晚期著述中，深刻阐述了人类共有的"军事性本能与理想"的概念，指出在古代社会中尤其存在猎人群体为击败敌方男性、俘获敌方女性资源，以及追求个人荣誉与快感而发生的持续冲突与战争行为。詹姆斯进而提出，随着文明的演进，现代人类虽继承了这一深层的军事性本能与理想，但也在寻求以非战争途径满足其内在需求。为此，他构想了一种创新性的社会动员与征兵制度的理念，即主张将传统上聚焦于军事训练的年轻人群，转而引导至社会服务领域，通过参与社会公益活动来满足个体及社会的深层需求。[1]

精神分析学的创始者西格蒙德·弗洛伊德（1856—1939）在1932年寄给爱因斯坦的公开书简——《为什么要战争》①一文中，论及了人类的两个本能，即寻求和平的本能与寻求破坏和杀戮的本能，而对于战争的抑制和回避，表现了一种非常悲观的态度。"未开社会"的状态是"万人对万人的战争"，是用势力说话的，后来因国家的出现建立了一个有法律和秩序的社会。"在'未开社会'的状态之下，所有的一切都是由卓越的势力、残忍的暴力或以武力支撑的暴力等所支配的。在人类进化的过程中这种状态被改正，而这是一个从暴力到法律的进化过程"[2]。然而，这条路并不是一条通向制止战争的路。他指出唯一的方法是，建立一个超国家的拥有强大执行力的法律机构[3]。

弗洛伊德所设想的是，建立比当时的国际联盟或第二次世界大战之后成立的联合国还要强大的超国家机构。有趣的是詹姆斯和弗洛伊德在两次世界大战开始之前就已经提出各自的论证。两位卓越的思想家，可以说预见了即将到来的战争所带来的灾难。

---

① 1932年，受国际联盟的国际学术协会研究所的委托，爱因斯坦自由选择一个对象与他共同进行一个特定的讨论话题。他选择以弗洛伊德为讨论对象并以"能否将人类从战争的威胁当中救出？"为话题，进行了公开讨论（Bramson and Goethals（1968:71）。

在考察战争人类学时，詹姆斯与弗洛伊德所阐述的内容为我们引入了诸多有趣的议题。例如在将"古代人"这一表述替换为"未开人"时，詹姆斯所提出的论证框架与同时期人类学家所讨论的核心议题展现出高度的契合性。值得注意的是，弗洛伊德的思想脉络深刻且忠实地拓展了霍布斯的人性观理论或国家观理论。换言之，人类本能中固有的攻击性与破坏性倾向，在国家机制的构建与统治下得到了有效的调控与约束。但是，随之出现的非常深刻的问题并非个人之间的矛盾，而是国家与国家之间的战争。这个问题就像人与人之间的问题一样，个人需要将权利的一部分让出来才能成立国家，此时国家需要让出其部分主权，然后成立一个超国家的机构。然而，需明确指出的是，在人类学的研究框架内，将战争的驱动因素与终极目标单一地归结为个体层面的需求、本能及其满足过程，已被广泛且明确地批判与摒弃。可是，将战争的动机和目的说成是个人的需求和本能以及对其需求的满足这种解释方法在人类学领域中早已被明确否定。例如，马林诺夫斯基（1884—1942）在第二次世界大战初期的1941年发表的论文中指出，个人的愤怒和暴力并非生物的本质特征，而是从后天的文化习得的；战争也并非个人的问题，而是作为政治单位的集团之间的问题。玛格丽特·米德（1910—1978）也指出，战争并非生物学的必然物，而是社会的创造物，并且是一种恶性的创造物，为了改变此状态，必须创造出一种新型的制度，而这是可能的[4]。米德的这种和平主义的态度，与下一章中论述的和平人类学研究相关。

个人的攻击性和暴力性并非导致政治集团之间发生冲突和战争的直接原因。然而，战争会引起个人的各种情感反应，而这种情感的反应使个人去参战也是一种事实[①]。重要的是当我们在考虑战争时，不能只考虑集团，也不能只还原人类天生的和遗传的等个人因素中的愤怒和兴奋、陶醉等情感和攻击性问题。这些问题虽并不能完全被自然科学所解释，但在大脑生理学的研究中有一些明确的解释，即大脑边缘系统的中枢神经系统的作用使人产生愤怒、恐惧和快感等反应，它们或具有情感性、攻击性，或来自性冲动。然而，这样一种对事实的解释并不能解决社会科学的问题。作为社会性和文化性的问题，个人的愤怒和悲伤等情感是怎样产生的？在人的行为中又怎样表现出来？而这种情感我们应该怎样才能制止？这些问题在战争人类学的范围中属于研究较为薄弱的课题[②]。在对动物和人类的天然攻击性的研究中，动物行为学的创始人康拉德·洛伦兹（1903—1989）所著的《攻击与人性》（1963）是这项研究的先驱性著

[①] 罗杰·卡约瓦（Roger Caillois）以人类在杀戮时经验的"眩晕"，即陶醉、狂热、兴奋等作为关键词对战争进行了论述（1974）。

[②] 也存在一些少数的例外研究，例如米歇尔·罗萨尔多关于菲律宾的山地民族伊隆戈人的攻击性和情感的研究（Rosaldo, M., *Knowledge and Passion: Ilongot Notions of Self and Social Life*, Cambridge University Press, 1980）。

作，在此之后他还发表了大量的研究成果。[①]在动物行为学的研究中，动物有攻击同类中其他个体的冲动，这种冲动在受到刺激的时候很可能会转换成具体的行为，这种现象属于一种遗传程序的行为模式。例如，当雄性动物相遇时，它们会为了确认哪一方更占优势而战斗。然而，我们不能忘记的是，洛伦兹感兴趣的并不是天然的攻击性，而是寻找制止攻击行为的一种体系。当战斗失败的狼仰面朝天对其对手露出腹部表示服从时，胜者便会停止攻击。因此，狼就像被先天性地系统化了一样，作为生物它会一直攻击到对方彻底服从才会停止杀戮。而这样一种天性在人类身上并不存在。在世界所有的动物中，只有人类才会大量杀戮同类。洛伦兹通过现代人类的祖先发明武器后逐渐变成狩猎民这一发展过程来解释人类具有攻击性的特殊原因。他认为人类原本是一种杂食性的生物，却变成捕杀其他动物并将其当作食物的生物，这样的变化对人类而言来得太突然了，就像那种非常危险的食肉动物要经过很长一段时间才不会对同类进行攻击一样，人类好像根本没来得及进化成那种不会攻击同类的状态[5]。

洛伦兹研究的核心聚焦于动物个体行为，在后续的动物行为学和自然人类学研究领域，研究者们进一步拓展了这一视角，并将动物个体行为的分析框架应用于探讨人类集团层面的复杂

---

① 代表性著作有アイブル・アイベスフェルト『プログラムされた人間—攻擊と親愛の行動学』（霜山德爾・岩渕忠敬訳、平凡社、1997年）。

现象，特别是战争的起源问题。在这一跨学科探索中，"狩猎"行为被凸显为关键分析要素，彰显了研究者们在方法论上对洛伦兹研究逻辑的继承与发展。具体而言，研究者们认为，在人类进化历程的特定阶段，狩猎活动不仅揭示了人类群体行为的某些本质特征，如潜在的凶残与暴力倾向，而且还成为理解人类战争起源的重要历史与文化透视镜。例如，沃什伯恩和兰卡斯特两位人类学家强调，狩猎在人类进化的过程中起到了决定性的作用。因为狩猎民的思想体系仍存在于人类精神的最深处，人类除了杀戮其他动物之外，还享受同类间厮杀所带来的快感。在此意义上，可以综合考虑狩猎和战争。人类是世界上最危险的猎物，因此对于人类的杀戮也就伴随着最惊险的快感①。将这样一种"狩猎的假设"，包括战争和人类以攻击为目的的起源问题追溯到"狩猎"的是罗伯特·艾瑞，他不仅在学界，而且在普通读者中也有很高的知名度。他的基本认知是：人类是一种非理性的凶残生物。他在书中有这样的描述："我们是杀人犯卡寅的后代。……人类是捕食者，使用武器杀戮是其自然本能。"[6] 即便人类是一种独特的灵长类生物，拥有高贵的精神，但其也是依靠"杀戮"才生活了几百万年的唯一一种灵长类生物[7]。人类拥有一种杀戮其他生物和防卫自身"地盘"（势力范围）的本能，其结果是战争成了人类生活方式的一部分。在此

---

① 卡特·米卢（カートミル）1995:13、1617；Washburn and Lancaster 1968。这篇共著论文收录于人类学对狩猎民的古典研究《狩猎人としての人間》中。

过程中，狩猎起到了决定性的作用。而现代人类的祖先（男人）在共有领土上共同狩猎的行为也正是社会组织和战争的起源[8]。

剧作家阿德雷从非学术的角度提出了"狩猎的假设"。这一假设并非他的原创，很早以前欧洲就已经有了这种假设。在古希腊，狩猎和战争有类似的含义，狩猎被用作培养英勇的战士[9]。

事实上，狩猎和战争确实有相似之处。也就是说，狩猎和战争都需要武器、技术、精神力等，狩猎所使用的短矛在战场上也会使用。猎人们往往会计划狩猎的具体战略、训练猎犬等，这种对准猎物并将其猎杀的能力，与战争中训练军队并将其配置在战场上、逮住敌人或逼对方投降等行为非常相似①。

暂且不提起源论，实际上狩猎和战争的关联与猎人和战士的相似点是一个非常有趣的话题，因此后文中将再次论述相关内容。另外，关于攻击性和战争的问题在人类学和动物行为学中通常是一个非常冷门的话题。因为它在理论上批判将个体经验复制到集体身上的做法，更排斥将作为灵长类、位于进化最顶层的人类与动物相比较，即反对将拥有复杂社会和文化的人类作为下等动物去理解。然而，对于大部分人类学家而言，他们可能有一种潜在的认知，即战争行为扎根于人类本性中的攻击性，在"自然状态"下的"未开社会"中战争是常态，直到国家成立后才使其逐渐得到控制。

---

① Lonsdale, S, *Animals and the Origins of Defence*, 59. London:Thames and Hudson,1981,pp46—47.

霍布斯的人性观理论对于心理学、精神分析学、动物行为学中对攻击行为的研究有明确的影响。虽然很多人类学家都否定战争是人类本能的攻击行为所导致的，但依然有一些人类学家在对"未开社会"的战争，或者说没有被中央集权化的"部族社会"的战争研究中运用了霍布斯的理论。例如，马歇尔·萨林斯在其著作 *Tribesman*（1968）的绪论中引用了霍布斯的理论并指出，"部族和文明的不同点与战争与和平的差异是相同的"[10]。

另一位人类学家 C·R. 霍尔皮克在埃塞俄比亚和新几内亚进行田野调查后，发表了《战争的功能主义解释》一文，并指出，"在欠缺中央权威的无国家的社会中，人们不只是为了利益而战争，他们主要是因为不能制止战争而战争"。在这种状况下，制止战争的行为对于当事人的集团而言是一种自杀式的行为[11]。

这种特征与英国人类学的结构功能主义理论和美国人类学的新进化主义理论相似。例如，在1940年出版的《非洲的政治制度》(*African Political Systems*) 中提到的"无国家社会"模式[①] 和社会进化过程中的"部族"的阶段，在其意义和内容上几乎是相同的。在社会进化论中，设想了人类从最单纯的狩猎采集社会到部族社会，酋长制社会（酋长国）到国家社会的发展阶段。而英国人类学派中的"无国家社会"阶段则与部族社会和酋长制社会处于同一个阶段。而《非洲的政治制度》的

---

① 埃文斯 – 普里查德，1972。

主要论题是，没有被中央集权化的政治权力，即在无国家的社会中无休止的冲突被调停和解决，能不能维持社会秩序等问题，这是一种以霍布斯的无秩序理论为前提的论证。1986年5月，正值国际和平年之际，霍布斯人性观理论的广泛传播遭遇了挑战，促使一群致力于探索持久和平路径的科学家汇聚于西班牙塞维利亚城。此次集会汇聚了全球社会科学与自然科学界的精英学者，他们以联合国教科文组织人种宣言为蓝本，共同审议并通过了"关于暴力的塞维利亚宣言"。宣言对暴力与战争的四项核心观点进行了改革，认定这些观点缺乏科学支撑。第一，战争和暴力的行为是一种遗传性的结果。第二，攻击性行为是自然淘汰过程中进化的结果。第三，人类拥有"暴力性的大脑"。第四，战争是因"本能"或某个单一的动机引起的。而后此宣言被美国人类学会、美国心理学会、丹麦心理学会、波兰科学院、西班牙联合国教科文组织委员会、墨西哥生物人类学会等采纳[1]。塞维利亚宣言体现了一种反对霍布斯的人性观理论，并开始走向卢梭的人性观理论的变化趋势。

---

[1] 此宣言的全文在 Jo Grobel and R.A. Hinde(eds.)1989.Aggression and War. Cambridge: Cambridge University Press, pp. xiii-xvi. 也可参照 Keegan1994:80.

第二节　和平的研究：卢梭的人性观理论

即使人类社会与战争结下了渊源，但如果要将战争作为普遍性问题，则必须要慎重考虑以下两个理由。第一个理由是，在发生战争的社会中，战争仍然是一个特殊事件，因为对于人类而言，和平相处的时间胜过战争发生的时间。而且，有过冲突关系的敌人之间普遍拥有交易、通婚、交友等各种关系。例如，马克思·格鲁克曼（1911—1975）指出，在非洲中部的各社会中，发生报复和冲突的部族之间的个人关系的平衡度可维持当地战争与和平的平衡状态[12]。

因此，如果只强调战争，那么在社会中对和平关系并不会有正当的评价。与战争相比，和平关系才是人类学的主流研究。例如，在人类学古典研究文献中，爱德华·泰勒（1832—1917）指出，通过族外婚制度的规则将两个集团以姻亲和亲属的形式结合在一起，是部族社会中维持和平最基本的结构。马塞尔·莫斯（1872—1950）则强调，以交换的方式可以确立和平与信赖的关系。后来让这种理论进一步得到发展的是列维·斯特劳斯的婚姻连带理论[①]。根据这些人类学最基本的理论，财产和女性的交换统一了各个集团社会，并促进了和平关系。也就是说，这是一种替代物，财产和女性的重要性夺取了战争的功能。然而，如后文中叙述，在对美拉尼西亚和非洲的一些近代民族志研究中，这种观点受到了质疑。在很多案例中，发生冲突的敌对村落恰恰是相互了解并有着各种纽带关系的邻居村落（参见第三章）。

战争被视为普遍性存在的第二个理由是，在不存在政治集团的社会中存在有组织地攻击其他社会的现象，或者说所谓少数没发生过战争的集团在社会进程的某一阶段依然会发生战争。我们将这种社会视为一种特殊的案例，虽然这样会产生意见分歧，但是它对战争研究有着非常重要的意义。比如说，在将狩猎采集社会与农业生产社会相比较时，我们会发现狩猎采集社会是和平性的社会。一些比较研究发现这种现象比较明确。在格雷戈里·C.利维特的论文中，将22个狩猎采集社会相比较后发现，73%的社会中并不存在战争，或认为战争是一种罕见的状态。而在另外22个单纯的农耕社会中，这一数字下降到41%。他又在另外29个发达农耕社会中发现，这一数字又下降到17%[13]。

狩猎采集社会人口密度低，且政治组织并不发达，出现以

---

① タイラー　1962『原始文化』比屋根安定訳、誠信書房、モース 1973『社会学と人類学 Ⅰ』有地亨訳、弘文堂、レヴィ＝ストロース　1977『親族の基本構造』馬渕東一・田島節夫監訳、番町書房。

上这些数字是理所应当的现象。而我们更应该重视的是，有四分之一的狩猎采集社会中也会发生战争这一事实。这种比较研究往往被取样调查和需要解释的问题所困扰。因此，在进行"比较研究"时，其结果绝对不会一致。比如，将涵盖生产与经济活动的共计50个社会单元作为研究对象，并将其结果与先前提及的案例进行系统性对比，我们会发现，在所考察的10个狩猎采集型社会中，仅有3个社会单元呈现出几乎未发生战争或偶发战争的状态，这一比例相较于上述比例而言显得尤为低微。进一步地，当我们将此比例与另外几类社会经济形态进行比较时，发现差异更为显著：在9个畜牧社会中，仅有1个呈现出类似的低战争发生率；而在14个刀耕火种的社会中，该比例降至零；即便在17个群体型农耕社会中，也仅有1个社会符合此条件。

上述调查深刻揭示了一个现象，即在整个研究范围内，能够维持长期和平状态的社会占比极低，仅为十分之一左右。具体而言，"与依赖以生产食物为主的社会相比，狩猎采集型社会在和平倾向方面表现出更为显著的优势"[14]。

我们再举一个典型的案例。有学者在考察90个社会[①]形态后发现，仅有12个社会呈现出罕见或完全缺失战争的状态。

---

① Keeley 1996: 28; Ross, M, Political decision making and conflict, *Ethnology* 22:162-192, 1883.

这12个社会可细分为三大类别：第一，6个国家国民社会，它们作为少数集团，其社会结构与倾向于和平的行政管理模式相类似；第二，3个孤立性农耕社会，其特性在于其社会结构与外界相对隔绝，并依赖农业自给自足；第三，3个狩猎采集社会，例如刚果的姆巴提俾格米人（Mbuti Pygmies）社会、加拿大的因纽特人（Copper Eskimos）社会，以及马来西亚的色麦人（Semai）社会，他们亦展现出类似狩猎采集民的强烈特质与生活方式。值得注意的是，"前两类社会由于其本质上不存在战争的环境，因此在探讨战争普遍性的学术框架下，将其作为分析材料的有效性受到限制，难以直接支撑相关论点的构建"[15]。

至于第三类，即对现代狩猎采集社会和平性的解读，则因观察视角的不同而呈现出差异性。若从历史演进的角度出发，将其视为人类迈入农业生产阶段之前的原生社会形态，那么这些社会的和平状态可视为原始时代的和平典范，这一观点在某种程度上与卢梭的观点相契合。

那么我们应该怎样解释最后一个，即如何评价现代的狩猎采集民。如果将他们视为人类农业生产开始之前就存在的社会集团，那么他们的和平就是原始时代的和平，这就等于为卢梭的观点提供了证据。然而，如果说现代狩猎采集民是被周围的农民和牧民打败而逃往孤立环境的难民，那么他们的和平则并非远古时期的，而最多也只能表现出被迫隐居的失败者的状态[①]。我们并不能将现代所有的狩猎采集民称作"难民",但马来西亚的色麦人和南非的桑人(San)很明显属于隐居的失败者。马来西亚的色麦人在政治和军事上都属于较强势的民族,而南非的桑人在与班图人(Bantu)之间发生冲突后,为了避难而逃往森林或干燥的沙漠深处。因此,和平的状态可以说是生存战略和历史背景的结果[②]。总而言之,"战争研究在人类学的结构功能主义和生态人类学的范畴里各自将和平作为其正面的标题,并以社会平衡和适应为主题而展开。事实上,不只是人类学,在整个社会科学的范围内和平研究所占的位置非常低"[16]。

对此,露丝·本尼迪克特(1887—1948)的人格论属于例外的先驱研究。她的"文化与人格论"属于古典范式研究,其相关著作也被广泛阅读。她在1934年的《文化模式》一书中,区分了理性和适度的"阿波罗型"与充满热情的"狄俄尼索斯型"。同样是美洲的原住民,前者指的是普韦布洛人(Pueblo Indian),后者则指的是平原地区的印第安人(Plains Indian)。"普韦布洛人被认为是和平的,而平原的印第安人则是好战的。她还强调,当地许多社会并不了解战争"[17]。和平的人类学研

[①] 狩猎采集民的这两种对立的研究立场是传统主义者(traditionalist)和修正主义者(revisionist)之间的论证。此问题可参考:池谷和信,1996《伝統主義者と修正主義者との間の論争をめぐって—カラハリ・サンの研究の事例》《民博通信》73号。

[②] 关于色麦人的记载可参考吉尔摩(1994:250),而关于桑人的难民性格是托马斯在20世纪50年代末所指出的(1982:第一章)。

究在本尼迪克特之后的进展并不快，在此意义上，S·豪威尔和罗伊·威利斯所编的《和平社会》（1989）一书可以说是近年来最重要的研究成果[18]。

论文集聚焦于和平与平和性之间的复杂关系，其核心议题深入探讨了社会机制如何塑造出具有抑制性倾向与攻击性特质的个体。为全面论证此论点，两位作者作为资深的社会心理学家采用了跨学科的广阔视角，体现出对人性多样性及社会文化影响力的深刻洞察。

近年来，托马斯·葛雷格尔是学界比较积极地研究和平的人类学家。他所调查的巴西原住民孟希纳古人（Mehinagu），是避免战争的和平族群（参见本章第三节）。葛雷格尔意识到，在人类社会中，绝对无暴力的状态（即纯粹和平的社会）是一种理论上的构想，实际上并不存在。他进而观察到，相对和平的社会环境主要局限于特定的历史与文化背景中，如以狩猎采集为主要生存方式的集团，这些集团往往展现出一种难民性格的特质，且属于少数保持较为纯粹社会结构的状态。然而，即便在这样受限与特殊的情境下，葛雷格尔仍不懈探索，致力于构建一套理论框架，以期指导人类社会向更加和平与和谐的方向迈进①。比起孟希纳古人更为和平的族群是著名的马来西亚的色麦人（参见本章第三节）。在以色麦人为调查对象的克雷顿·罗伯特克和葛雷格尔合著的论文中，葛雷格尔认为和平并非一种不存在暴力的静态的状态。相反，和平与暴力也是一种动态的过程[19]。因此，并不能将战争的研究与和平的研究分开去讨论，两者应该是互补性的关系。以美国的人类学家R·B.弗格森为中心的研究团队近年来产出大量的战争研究成果，他们的研究对象都属于不存在国家的"未开社会"或部落社会，以及成立国家之前的史前社会。基于卢梭的新型观点，他们认为以上这些社会基本上都属于和平社会[20]。

他们认为，在部落社会发生的战争是与文明（特别是西方文明）接触后的结果，这种接触的空间被称为"部落区域"。近代西方文明在渗透世界的过程中，给部落社会带来了疫病和火器，以及工业产品等。这种传播本身往往属于用武力征服的暴力形式，而在获得工业产品的权利争夺过程中被选择的群体就是部落民族。或者说被强迫的部落民族与文明社会之间发生了分歧，部落民族内部或部落社会与西方社会之间发生了暴力性冲突，这种接触空间的现象在"部落区域"内特别显著。随

---

① Gregor 1996. 托马斯·葛雷格尔编著的两部论文集，分别为 co-edited with L.E. Sponsel, *The Anthropology of Peace and Nonviolence*（Boulder: Lynne Rieneer, 1994）和 *A Natural History of Peace*（Nashville and London: Vanderbilt University Press, 1996）。

着西方社会的扩张，这种情况也被传播到偏远地区。这显然是常年保持和平性平衡状态的部落社会变成暴力性社会的一种过程。探险家、传教士以及人类学家基于这种"部落区域"记录了所有"未开社会"的战争。因此，"这种记录并不是与西方社会接触之前的和平状态，而是与西方社会接触之后的战争状态"[21]。

弗格森等学者试图对"未开社会"的战争进行一种"历史化"的研究。也就是说，将当时的这种历史脉络作为背景，再对西方人所记录的"未开社会"的战争的内容，以及西方文明与"未开社会"之间的接触和这种接触所影响的"未开社会"等进行分析。这些研究成果是至关重要且必不可少的，因此，在本书中笔者也再次尝试了这种研究范式。

然而，在与文明社会接触之前的"未开社会"中的战争非常稀少的假设，与其说是根据事实得出的结论，还不如说是被卢梭的人性观理论所影响的结果。如果被西方人记录的所有与"未开社会"的战争有关的内容都是与西方社会接触后才发生的，那么我们应该如何了解这些社会在与西方社会接触之前的状态呢？在这点上，可以说弗格森等学者的争论非常矛盾。将部落与和平、文明与战争视为等同的想法，与对国家的认识和构成文明的必不可少的要素联结在一起。也就是说"战争创造了国家，国家又创造了战争"[22]。

这种论述显然也是卢梭人性观理论的表现之一。如本书第一章和第四章中所述，多数案例可以证明"未开社会"与文明接触之后增加了暴力冲突事件的确是事实。即使如此，也不能说明"未开社会"与文明接触之前其社会是和平的，因此，两者只能分开考虑。

总之，为了完善战争人类学的民族志及其理论，和平人类学的发展是不可或缺的。两个政治集团之间的关系应该是战争与和平以及敌对与共存的局面，这样可以说战争的研究也是和平的研究。本章从头到尾讨论了战争论的两个方面。卢梭的观点深刻植根于对当代西方文明的一种批判性审视，这种审视可视为一种自我反思的厌恶情绪，它映射出了在全球范围内广泛传播的负面效应所带来的沉重罪恶感。作者认为有关攻击性和战争的霍布斯理论观点的依据，不只是人类杀害其他动物，还有当人类拥有一种只能杀害同类时才能活命的"原罪"[23]意识。

如此分析，使两个对照性观点的有趣的侧面浮现在眼前。在欧洲的狩猎论和动物论的历史论著中，马特·卡特米尔是用科学解释狩猎假设的一位学者，以下内容为其所概括。"当我们还需要各种人类特征的解释时，应该放弃最真实的解释，通过想象将所有的因果联系起来，以满足这种假设。……这种狩猎的假设应该被视为一种起源神话，把对人类空间和自然空间之间模糊边界的想象视为合理"[24]。

霍布斯的观点和卢梭的观点都属于这种"被想象的起源神

话",两者的共同点也在这里。但这并没有反映"未开社会"的现实,只是欧洲人将他们的认识强加于"未开社会"。

第三节 战争与性别

在历史学家和人类学家的文献中,很少有女性参加战斗的内容。古希腊神话中出现的只有女性战士的民族"亚马孙",在现实中好像并不存在。战争基本上都属于男性的工作范围。18 世纪至 19 世纪欧洲的探险家和旅行家对西非的达荷美(Dahomey)王国的女性战士部队非常感兴趣,这个部队由王妃和王室家族的女性组成,拥有实战经验[25],这是非常少见的案例。事实上,女性也并不是与战争无关,在其他族群中抢夺女性是"未开社会"战争的目的之一。而且,"女性往往会鼓励那些犹豫和胆怯的男性,从而推动战争。她们往往与男性一起上战场,与男性欢呼打气,搬运武器和食物等,即在后勤保障中起着非常重要的作用"[26]。

在新几内亚西部的中央高原居住的卡宝库(Kapauku)人的社会中,村落共同体之间的冲突经常会变成战争。各共同体之间,数百名男性战士参加战斗。武器基本上都是弓箭,箭头是木制或竹制而成的。卡宝库社会中的女性在战场上非常活跃,她们往往会捡起散落在战场上的箭,并将其交给自己的丈夫。男性们拥有这种武器的补给后才有可能继续战斗。另外,有时她们在战场的上方扎营俯瞰敌人的行动,并第一时间大声告诉男人们。在当地社会中"战士并不可以攻击女性，所以，她们可以自由进出战场"[27]。

在多数社会中，展示自我的攻击性和作为战士被别人认可是一种"男性气概"的必要条件。在许多人类学的民族志中明确地记载了随着社会的发展这种"男性气概"是如何被建立的。除此之外，否定攻击性男性气概的社会也存在。这些事实表明男性的攻击性并不是先天的，而是被社会和族群所建立的。没有男性气概的男性往往会被别的男性轻视，而且也会被女性无视。对于男性而言，男性气概是娶妻生子（当一个被社会所认可的人）的过程中最大的障碍。以男性气概的概念为中心，分析男性的攻击性和战争之间的关系，相关问题可参考戴维·吉尔摩关于男性气概的比较民族志《男性气概的人类学》（1990）。虽然不同社会中强调男性气概的程度不同，但是男性气概普遍的要素是，拥有强壮的身体、性活力、勇于面对困难、宽容等，这些内容是男性气概的必要条件。根据吉尔摩所述，一些强调男性的社会中，以下三个条件是强加于男性的道德秩序，即男性拥有女性并让其怀孕、使被保护的人（妻子）免受危险、不让家族亲属忍饥挨饿[28]。

这些道德秩序驱使男性参与族群内和族群与族群之间的竞争和冲突，他们往往为了获得女性、食物、生产资源（家畜和鱼池、土地）而发生冲突，同时他们也要为了自己的家人不被别的族群攻击而做好防御。然而，我们要注意的是这种竞争和冲突都会发展成暴力冲突，也就是说个体间的矛盾也会发展成集体问题。关于此问题，以下举一些具体民族志案例进一步分析。

首先，作为强调男性气概的社会，典型的案例是密克罗尼西亚的特鲁克群岛的岛民莫恩人（Moen）[29]。"如今的特鲁克群岛的年轻人都是喜欢喝酒、喜欢打架的猛男，但是在过去他们是为了荣誉和猎物而战的强大的战士。……这种习以为常的暴力是树立男性名誉的重要途径，亦是彰显男性本色的基本手段，战场上的荣誉使他们的声誉得到了巩固"[30]。19世纪末特鲁克群岛变成德国的殖民地后，族群之间的冲突和战斗行为则被禁止。取而代之的是，当地年轻人在周末过度饮酒，这引发了很多斗殴事件。为了培养和展示男性气概，斗殴成了战争的代替品。当地很多社会中青春期的男孩子们为了展示男性气概，往往会做一些需要体力和胆量的活动，如与鲨鱼一起在大海里潜水，或爬到很高的面包树上采摘果实等。同时他们也会群体饮酒并参加周末的斗殴活动——做一些危险和大胆的事情才会使他们成为"真正的男人"。而经济上的成功和良好的性能力，以及拥有知识和文化也是男性气概的要求。也就是说，在莫恩岛人的社会中，男性们拥有一种为了男性气概而竞争的性格。莫恩岛的男性们的充满暴力的生活，要等到他们经历过青春期直到30岁出头的青年期并且结婚后才会逐渐冷静下来。虽然男性气概的理想并不会改变，但他们会明显降低过度饮酒和斗殴的频次，如何成为一个成功的家长才是他们最关心的事情。

当个体暴力与集体暴力联系在一起时，其原因往往与族群（氏族）认同及个体的忠诚心相联系。事实上，族群是财富和地位共有的自律集团，个体成员的财富和名誉的获得与全体成员的利益联系在一起。过去发生战争的时代，个体男性气概的观念通过族群的媒介在集团层面发挥了很大的作用，进而动员个体参加战争。莫恩岛人作为研究男性攻击性倾向与社会结构之间复杂互动的案例，其独特的母系社会架构尤为引人入胜。该体系在功能上既依赖于男性的贡献，也离不开女性的核心地位。对于该社会中的男性成员而言，他们要从女性主导的权威体系及深厚的母性情感纽带中寻求解脱。他们通过在特定聚会场所构建并维系一种集团生活方式，同时还实现了对战士理想生活的追求与实践。吉尔摩的书中东非牧牛的桑布鲁人（Sanburu）是与莫恩岛人社会类似的典型案例[31]。在他们的社会中，阶梯式的年龄组织比较普遍。男性随着年龄的增长，会按照从少年到战士（莫兰）再到长老的顺序上升到三个不同的年龄阶级。处于战士阶段的男性会在离女性和孩子、长老居住的部落较远的牧场中生活。他们的主要工作是保护牲畜免受野兽和强盗的侵害，以及从其他部落抢夺牲畜和女性等。手持长枪、身穿精美的服装，拥有勇气、耐力和体力的战士是男性最理想的形象。然而，赋予攻击性的男性气概很高价值的社会并不一定是频繁发生战争的社会。如上所述，个体和集体攻击性的维度不同。巴西的热带雨林深处欣古河流域居住的原住民孟希纳古人（Mehinagu）以刀耕火种和狩猎、捕鱼为生。"孟希纳古的男性也与特鲁克群岛的莫恩岛人（Moen）一样，对男性气概有很强的意识"[32]。对他们而言，理想的男性是充满朝气、精力充沛、勤奋工作、敢于冒险、获得食物、慷慨、拥有出色的体力和性活力的人。然而，孟希纳古人与莫恩岛人不一样的是，他们的理想男性是避免战争的人。也就是说，无论是其他民族还是孟希纳古本地的男性，他们同样应避免使用暴力。孟希纳古男性的攻击性和男性之间的竞争是社会控制下的一种表现形式。具体而言，他们会尽量拥有更多的情妇、满足性生活、在当地比较流行的摔跤活动中搏斗等。他们同样也有男性的三个道德秩序，即获得女性并子孙满堂、使被保护的人免受危险、不让家族亲属忍饥挨饿。这就意味着在孟希纳古社会中，即使暴力战争手段没有吸引力，男性也拥有实现以上这些道德秩序的条件。

很多社会对攻击性和竞争性的男性气概赋予很高的价值，包括先进的工业化国家。相反，想要寻找一些对男性气概不太感兴趣的案例并不是很容易。吉尔摩所举的波利尼西亚的迪西岛民和如前所述的马来西亚色麦人的案例是例外[33]。在这些社会中，性别角色并不是特别明显，即男性和女性的意识不太明确。迪西岛人和色麦人的社会属于没有战争且和平的社会[1]。根据以上内容，对男性气概和战争的关系可得出以下结论：攻击性和竞争性的男性气概是个体和集体之间发生暴力战争的条件之一，而这种男性气概观念的缺乏也是和平的条件之一。"男性对面子的执着会制造战争"，这样说未免太单纯了，但这句话也表达了其最真实的侧面。另外，男性会为了获得名声和满足自己的欲望，为了获得女性和生产资源而战，因而此论点也可以说与战争发生的原因联系在一起。

---

[1] 吉尔摩视迪西岛民为没有战争而和平的社会，这种结论本身是有问题的。对欧洲社会而言迪西岛确实是无战争的极乐园。但是从波利尼西亚的等级制社会中发展而来的迪西岛上显然存在战士等级，也发生过大规模的战争。

第四节　史前社会的战争

人类文明建立之前的社会是无文字记载的史前时代，此时人类的日常生活究竟是和平的还是战争的，我们在考察"未开社会"的战争时可以代入这个问题。对这个问题，"考古学家和史前学家各自有不同的见解"[34]。有趣的是，在此两种不同的论证中我们依然可以看到霍布斯和卢梭的人性观理论。总的来看，卢梭派占优势，认为在美索不达米亚成立第一个国家之前不存在战争。对此，有学者批评称，这种论证与其说是考古学的实证分析，不如说是基于卢梭的观点，认为文明以前的人类社会是和平的[35]。

这一视角引领我们深入探究持续了 200 万年以上的旧石器时代，关于人类暴力的主要问题，并不是存不存在战争，而是有无发生杀人行为。尼安德特人（古人类）从大约 20 万年前到 3 万年前之间在古代世界各地生存，具有与现代人类大体上相同规模的脑容量。根据当时的陪葬品和埋葬方式的案例推断，他们过着相当丰富的精神生活。他们曾经被认为是现代人类的祖先，但目前被归类为智人。考古发现尼安德特人的很多骨头受损，其中明显有被尖锐的石器所造成的伤痕。

然而，"仅凭考古学的资料无法判断这些伤痕是一般事故造成的,还是相互间的战斗所导致的"[36]。在埃及南部的努比亚地区的杰贝尔·萨哈巴（Jebel Sahaba）遗址中发现了旧石器晚期的墓地。令人惊讶的是,在59具男性、女性、儿童的遗体中超过40%的伤痕是石箭等细石器造成的,其中儿童尸骨的头部和脖子等处有多处致命性的伤痕,而成人尸骨中有许多肱骨骨折后愈合的痕迹。由此可以看出这些狩猎采集民当时过着非常暴力的生活,而这只能推测出这些尸骨是战争或是"集体处刑"所导致的;换一个角度看,也可以提出一个假设,即当时的狩猎采集民群体之间为了猎场而发生了战斗。

另外,当时的尼罗河流域正处于农作物的种植和家畜饲养化的过程中,因此,还有一种假设就是:"新兴的粮食生产经济和自古以来的狩猎采集经济之间发生了冲突"[37]。然而,周边地区同时代的很多遗迹中很少发现战争的痕迹,因此,杰贝尔·萨哈巴的遗址是特殊的单一案例。同时,"遗址本身的断代时间也被很多学者质疑"[38]。

古代世界,从大约10000年前开始了新石器时代,不断扩大的全新的农耕和畜牧业经济方式使人们开始了定居生活,人口数量急剧增长。在这个时代,人类使用的各种武器有了飞跃性的发展,除了在此之前的石矛和棍棒之外,还出现了弓箭、投石器、石刀（匕首）、戈等武器。特别是"弓箭和投石器的出现,被认为具有特别的意义"[39]。据推算,短矛的射程大概只有40米至50米,而且人类只能携带少数的短矛。但弓箭的射程是短矛的两倍，而且人类也方便携带多支箭。在皮制的皮带上包上拳头大的石头，皮带转动后扔出石头的投石器，因在《圣经·旧约》中被戴维使用而广为人知，其射程为近200米，杀伤力也比弓箭强。这些飞跃式的武器在集体使用时更具破坏性。在世界军事史上"新石器时代的武器创新与古代战车的发明和战马的使用，以及近代的火药和枪支的发明等相提并论，是武器史上的一大革新"[40]。

虽然很难找到确凿的证据证明这些新武器被系统地使用于野生动物和人类身上，但与旧石器时代相比证据更明确。随着狩猎采集经济向农畜牧业经济的转变，社会阶层分化发展的同时，产生了使许多人类集体发生冲突的各种各样的因素。在西班牙的莫雷利亚·拉·比利亚（Morella la Villa）遗址的壁画中，画有手持弓箭的三四个人集团战斗的情景。画中四人组成的集团在与敌人对峙的时候呈现出中间两人、两边两人的基本战斗阵形，可以看出当时人们已经拥有了战术。尽管战斗人员很少，但据推测"此壁画有4000年的历史，是象征战争的最古老的遗迹之一"[41]。英国在大约6000年前就开始了农耕，迎来了新石器时代。这个时代的村落的特征是被栅栏和壕沟包围着，这种防御设施表明当时的村落有遭受外敌攻击的危险。然而，被卢梭的人性观理论所影响的很多史前学家认为这些设施的目的并不是为了防御外敌的攻击，而是象征性地区分里外的一种表象。在几个村落遗迹中，沿着栅栏和出入口的大门附近发现了大量的箭头，这可能是当时村落遭受到袭击的证据。

在德国的塔尔海姆（Talheim）遗址中，人们挖掘出被扔进洞里的18名成人和6名儿童的遗体，他们被认为是用斧头杀死的。法国的罗阿克斯（Roaix）遗迹中，发现了100多具男女老少的遗体，其中多数有箭伤，他们集体被埋葬。这些遗迹可以证明"新石器时代的欧洲发生过集体性的战斗"[42]。位于中东地区约旦河谷的埃利克（Jericho）遗址（约有9000年历史），被认为是能表明新石器时代战争的重要发现。埃利克被3米宽、4米高的石墙围绕，墙外还有9米宽、3米深的环壕，连看守用的瞭望台都具备了，可称得上是非常完美的古代军事性防御城堡。城堡里约有居民两三千人，他们在周围草地上进行初期的农耕或半农耕的同时，也从事着狩猎和交易。此遗址在20世纪50年代被发现，颠覆了当时学界的常识。"这种坚固的防御设施，暗示了在美索不达米亚的城市国家出现之前就已经很明确地存在大规模的村落，而且当时有足够的类似于有组织的军队和敌人"[43]。然而，此后的考古又发现埃利克遗址中出土的武器非常少，而且也并没有发现在战斗中死亡的遗骸，因此，学者质疑所谓其乃军事性防御城堡是否属实。那么，其坚固的围墙和大型环壕到底是做什么用的？当时的初期农耕是在约旦河沿岸的沼泽中进行的，雨季的村落有洪水危险，因此，围墙和环壕很有可能是防洪设施[44]。显而易见，这种论据表明以考古学的研究方法很难推断古代战争是否存在。

以上内容以考古学的视角论述了史前社会的战争,在世界各地的案例中,首先举出欧洲和中东的案例是因为这些地方史前社会的战争方面的考古学资料记载相对丰富。如果以后在非洲和欧亚等其他地区也进行发掘和调查,预计将会出现新的证据和研究成果。在下文分析考古研究中比较先进的东亚地区的案例之前,我们先考察新大陆的案例。

在哥伦布发现新大陆之前,除了中美洲的阿兹特克人和南美洲安第斯高地的印加人以外,大多数地区都是狩猎采集民和农耕部落社会。20 世纪 70 年代美国南部达科他州的克劳·克里克(Crow Creek)遗址中发现了大规模的攻击和杀戮的证据。该遗址位于俯瞰密苏里河的地方,被认为是公元 14 世纪中期约 800 人组成的村落遗迹。在其为了防御而建设的环壕中发现了 500 人以上包括儿童在内的男女被杀戮、被剥掉头皮和手脚被切断的遗骸。"当时的村落被烧毁,所有遗体并没有埋葬,约 60% 的居民被虐杀。由于被发现的遗骸中年轻妇女的人数非常少,可以推测她们被当作俘虏带到其他地方。这个村落在冲突发生后被遗弃,再无人居住过"[45]。根据克劳·克里克遗迹,可以说明在与文明接触之前的"未开社会"中,也进行过毁灭性的战争。

最后再看看中国和日本的案例。中国拥有防御设施的最古老的村落在内蒙古被发现,这是一个大概建于 8000 年前的所谓环壕村落。黄河中游地区繁荣的仰韶文化时期也存在这种环壕村落，但这种情况与5000年前的情况相比发生了巨大的变化。这种被坚固的城墙所包围的城堡不仅在黄河流域，而且在长江流域也出现了。湖南省石家河考古遗址是同类遗址中规模最大的一个，南北长1200米、东西长1100米的椭圆形村落被80米宽的环壕所包围，内侧有50米宽、4米至5米高的土垒。华北的平粮台遗址的村落被185米长的正方形城墙所包围，城墙宽13米，南北两侧还有城门。当时石制和骨制的镞（箭头）被大量生产的同时，石制和玉制的钺（大斧）也得到了发展，这些武器被认为都适用于战争。"拥有大规模防御设施村落的出现暗示了当时社会中以村落为单位拥有强而有力的政治组织，战争也可能是在这些政治单位之间发生的"[46]。可以说城堡的居民形成了酋长制国家或早期国家萌芽社会，中国在此后发明了青铜器，并正式进入国家时代。

日本的绳文时代和弥生时代是不是和平时代？在绳文时代的遗址中发现了少数被弓箭和短矛所杀者的遗骸，但目前尚未发现集体战斗的证据。由于被栅栏和壕沟包围的村落痕迹也不为人知，而且并没有发现专门用于杀人或狩猎的武器，因此"学界公认持续几千年的这个时代在很大程度上是比较和平的"[47]。这也许是因为当时人口密度很低、自然资源充足，缺乏驱使人们战斗的因素。绳文时代似乎也进行过早期的农耕，随着水稻种植和金属冶炼技术的逐渐传入，在大规模生产粮食的同时，日本从新石器时代开始进入青铜器时代——弥生时代，此后整个日本各地都发现了有关战争的各种考古学遗迹。这些考古遗迹都是战争的证据，例如用壕沟、栅栏等防御设施包围的村落；金属制的剑、矛、戈；木制的盾和铠甲等防御用的武器；被杀害者的遗骸，被烧毁的村落遗迹等。学者认为，这些武器并不是用于狩猎，而是用于杀伤人类的。这些证据"从公元前 4 世纪开始经历了 300 年，在九州到南部关东各地的考古遗址中被发现"[48]。九州北部是日本最初的正式种植水稻的开始之地和酋长制国家的成立之地，对当时的战争问题，学者也提出了不少有趣的假设：最初的战争发生在水稻种植开始的玄界滩沿岸，为了争夺水稻种植的最基本资源——土地和水，而开展了大规模的斗争。随着水稻种植逐渐向内陆蔓延，战争也逐渐扩大。在沿海地区，社会阶层完全分化，随着酋长制国家政体的稳定，战争逐渐减少了。但是，"内陆地区酋长的权利依然不稳定，酋长之间为了获得铁器和威信使战争日益激化"[49]。这种政治权力的发达、生产力的发展、与战争相关联的假设也可以用于其他时间段的世界其他地区。公元 2 世纪，日本从酋长制国家向早期国家发展，并进入"倭国之乱"时代。佐贺县吉野里等遗址都是南北长 1000 米、东西长 450 米的遗址，它们全被壕沟所包围，两个中心部分各自被内壕所包围，整体又被多层栅栏所包围。"北面的中心部分建有楼阁和观景塔，与上一个时代相比防御设施更加复杂，同时整个遗址作为'国家的首都'完善了体制机制"[50]。

如上所述，中国和日本的考古资料显示，在从食物生产（农耕）开始到社会阶层分化，进入酋长制国家，再到早期的国家形成的整个过程中，随着武器的发展，战争也在不断扩大其范围。事实上，世界其他地区的资料也显示了与中国和日本相似的趋势。然而，社会生产开始之前，即狩猎采集民的社会并不是完全和平的社会，在考古发掘过程中发现了大量的杀戮证据。

史前时代的资料显示，战争随着社会发展阶段的上升而变得更加激烈，在狩猎采集民的社会中也存在战争，这可以说与"未开社会"的特征相一致。自新石器时代以来，人类历史上很难找出长期持续并绝对和平的黄金时代。另外，根据学者的不同观点去解释相同的遗迹和遗物时，不管重点放在战争与和平的哪一方面，都会显示人类学的共同特性，并且具有启发性。

文献来源

1. James1968.
2. Freud1968:73.
3. Idid:75.
4. Malinowski1968:246-250;Mead1968:296-274.
5. ローレンツ　1970:331-333、カートミル　1995:18-19;Keegan 1994:85。
6. アードレイ 1973:305。
7. アードレイ 1978:21。

8. カートミル　1995:19-21；Keegan 1994:85-86。

9. カートミル　1995:47。

10. サーリンズ　1972:9。

11. Hallpike 1973:454;Keeley 1996:16.

12. Gluckman 1956.

13. Dennen 1998:156. Leavitt, G. C,The frequency of warfare: an evolutionary perspective, *Sociological Inquiry* 47:49-58,1977.

14. Otterbein 1989: Keeley 1996:186.

15. Keeley 1996:28;Ross,M,Political decision making and conflict, *Ethnology*22:162-192,1883.

17. Gregor 1996.

18. ベネディクト　1973:126-137、61-63。

19. Howell and Willis 1989.

20. Gregor and Robarchek 1996.

21. Keeley 1996:20-22.

22. Ferguson and Whitehead 1992.

23. 相关议论在弗格森主编的《战争、文化、环境》一书中有记载，Cohen 1984。

24. カートミル　1995:349。

25. Smith 1976:66-67.

26. Keeley 1996:35.

27. Pospisil 1958:88-91.

28. ギルモア　1994:266。

29. 以下所述内容出自吉尔摩（ギルモア 1994：第三章），而他引用了 MacMarshall 的民族志 *Weekend Warriors*(Palo Alto:Mayfield,1979)。

30. ギルモア　1994:73。

31. ギルモア　1994: 第六章。桑布鲁的资料是基于 Paul Spencer 的两个民族志 *The Sanburu*, London:Routledge ＆ Kegan Paul,1965 和 *Nomads in Alliance*,London:Oxford University Press,1973。

32. 以下所述内容出自吉尔摩（ギルモア 1994: 第四章），引用了 Thomas Gregor 的民族志 *Mehinaku:The Drama of Daily Life in a Brazilian Indian Village*, Chicago:Chicago University Press,1977 和 *Anxious Pleasures:The Sexual Life of an Amazonian People*,Chicago: Chicago University Press,1985。

33. ギルモア　1994: 第九章。

34. Keegan 1994:115-126;Keeley 1996:17-24.

35. Keeley 1996:17-24.

36. Ferguson and Whitehead 1992.

37. フェリル　1988:32-35；Keegan 1994:120-122；Keeley 1996:37-38。

38. 藤井　1996:140-141。

39. Keegan 1994:118-119.

40. フェリル　1988:26-28、36-37。

41. フェリル　1988:32；Keegan 1994:119；Keeley 1996:44-45；Watkins 1989。

42. Keeley 1996:18-19.

43. フェリル　1988:42-44；Keegan 1994:124-125。

44. 藤井　1996:142。

45. Keeley 1996:68.

46. 西谷　1996。

47. 国立歴史民俗博物馆　1966:124。

48. カイヨワ　1974:7。

49. Wright 1968:453.

50. McCauley 1990:1-2；福井 1987。

图1 "彩色"冲击：麦尔维尔与科格希尔中尉带领第24军团在祖鲁军中突围

图2 翌日早晨，切姆斯福德勋爵从伊桑德尔瓦纳撤军

图3 （左）祖鲁美人（右）祖鲁兰已故国王"潘达"（姆潘代）

图4 军官演习：对阵纳塔尔本土分遣队

第一章
战争人类学的方向和范围

第一节　战争的定义

战争到底应该怎样定义？这个问题并不像人类学中有关"社会""文化"或"民族"的定义那样复杂。罗杰·卡约瓦在《战争论》（1961）一书的前言中对战争的定义是集体性的、有意图性的、有组织性的斗争[1]。在《国际社会科学百科全书》（1968）一书中，一般意义上战争被描述为政治集团之间，特别是国家之间长时间利用军队进行的冲突[2]。

这是一种以国家和军队的存在为前提对战争的通用定义，但是本书所述的战争并不一定是以国家和军队为前提的。

本书中将当前的战争定义为"政治集团间有组织性的武力冲突"[3]。此定义是一般性的定义，因此其适用范围比较广。首先，政治集团包括联合国、主权国家、民族集团、民族集团的次级系统、酋长制国家、村落共同体、村落、族群（宗族、氏族）等。战争人类学一直以来的研究对象基本上都是民族集团以下的政治集团之间所发生的战争。对于"组织"的定义也有被国家统治的武装部队（常备军）和手持武器的一般村民等的区别。实际战斗规模和持续时间也各不相同，所使用的武器包括从石头、棍棒、刀、弓箭、步枪甚至到现代军队的装备等。因此，并不明确是否应将其包含在战争的定义中。在人类学的研究中，更多的战争是以报复性冲突（feud）、掠夺和袭击等内容为核心。报复性冲突是由谋杀引起的，即受害者所在的集团向施害者所在的集团进行报复而产生的冲突，在这种情况下双方集团是由氏族和村落成员所组成的。如果不能以和平的方式对冲突进行调解，它有时也会变成长期的反复的复仇行为。在世界各地的人类学家所写的随着社会阶层结构变化而导致冲突的民族志案例和报告中，南苏丹的努尔人（Nuer）的案例比较有名。报复性冲突的单位是政治集团，持续很长时间的冲突可以说符合战争的定义，但是否称其为战争取决于使用武力的规模。换言之，数名男性进行埋伏并杀死对方的行为即使变成一种惯例也并不能称之为战争，而双方集团成员聚集在一起并通过战斗解决问题时才可称之为战争。掠夺也是如此，在东非的畜牧社会中，部落间为了掠夺当地最重要的财产——牛和人（女性和孩子），有时会袭击其他部落。用短矛和枪支武装的数名男子，在夜间袭击放牧营地掠夺家畜的行为，与其说是战争，不如说是强盗行为可能更为恰当。然而，也有像南苏丹的纳里姆人（Narim）抢牛的案例那样，有组织地进行更大规模的掠夺。这种掠夺行为主要由数十名到数百名用短矛和步枪武装的男性参与，因当地总人口为3600人，所以动员率很大[①]。"纳里

---

① 假如总人口的一半为男性、参战人数最多时为300人，男性的动员率为六分之一，大概是总人口的17%。这种比例与第二次世界大战中美国的动员率大致相同，低于苏联（Keeley 1996:34,189）。

姆人掠夺牛的行动中包括敌情侦察、事前情报收集、周密的计划、领导指挥、合理分配部队、设想敌人追击等，这种行为可以称之为军事作战行动"[4]。

他们的掠夺目的地有时候需要徒步几天才能到达，在20世纪80年代纳里姆人与邻接的畜牧民托波萨人（Toposa）之间发生过大规模的掠夺事件。笔者所调查的帕里人的居住区与托波萨人居住区之间的直线距离约有150公里，但依然发生了几次被纳里姆人袭击放牧营地的事件。后来袭击事件更是延伸到300公里外的尼罗河畔，这是非常出色的远征军事行动。

许多情况下"未开社会"的战争具有竞技性和礼仪性，但即便是激烈的武力冲突也可能不属于现代战争定义的范围。帕里的年轻人以年龄集团为单位进行的木棍战就是典型的案例。帕里人在与其他民族进行战斗时使用短矛和枪支等武器，但在木棍战中只使用木棍，也会使用盾牌和头盔作为防护具。这种木棍战是由30名至40名年轻人组成的群体在观众面前打斗，而实际打斗会在几分钟内结束，如果其间有人被木棍打倒，周围的观众会立刻上前阻止。打斗结束后，为了缓和双方之间的和平关系，由成年男性举行礼仪仪式。这种木棍战以一定的规则为基础，是为了给年轻人锻炼身体和炫耀自己武勇提供机会，而并非战争。"有时虽然不是故意的，但也会给对方造成致命的创伤，此时可能会导致双方群体之间发生更大规模的武力冲突"[5]。本书中的战争概念，是根据以上情况作为研究对象而定义的。人类的集体性武力冲突是多样的，对考察对象进行严密的定义可能会出现反效果。关于这个问题，需明确指出，作为学术研究对象的战争概念，与广泛流传于民间的战争观念之间，并不总是呈现一一对应的关系。例如，努尔人称报复性冲突为"特鲁"、部落之间的（像努尔人一样的民族集团以下的单位）冲突为"库鲁"、丁卡人之间的袭击叫"别奇"[6]。另外，纳里姆人和埃塞俄比亚西南地区的波蒂人有六个或四个战斗类别。掠夺导致的战斗被称作"阿里吧"、与敌人之间的战斗称作"马尼"，而被敌人攻击后的反击行为被称作"唔多卢"[7]。

"阿里吧"是少数人组成的集体战，而"马尼"和"唔多卢"原则上是所有男性都可参加的攻击战。这种民间的概念，对战争的研究而言也是非常重要的领域。

第二节 战争研究的两难困境

迄今为止很多人类学家多次抱怨人类学对战争研究的冷漠[8]。这种自我认知既可以说是合理的，也可以说是不合理的。战争与人类社会的进化以及国家的创建是联系在一起的，因此，战争是人类学早期的重要研究对象。尽管今天很少有学者关注战争，但在德国的历史民族学研究中，还有弗罗威尼斯等学者的研究成果[9]。20 世纪 50 年代，人类学在进化主义和功能结构主义的视域下产出很多相关研究成果。在 20 世纪 60 年代以后，尤其是在 1967 年美国人类学会举办了有关战争的研讨会后，学者们发表了很多学术论文①。当时正处于越南战争的激化和反战运动的兴起状态，以及面临冷战背景下的核武器的威胁等，这些也是美国人类社会以"战争"为主题举办研讨会的背景。日本人类学对战争的研究成果也非常少。比较早的研究成果有山田隆治撰写的面向普通读者的有关战争全面概论（1960）[10]。

---

① 20 世纪 60 年代保罗·博汉南所编的《法与战争：冲突人类学研究》（Bohannan 1967），莫顿·H.弗里德等编的《战争人类学》（1977）等被出版。后者为 1967 年举行的美国人类学会特别研讨会的成果。另外，还有伯特·A.布拉姆森和乔治·W.戈萨尔斯所编的《战争：心理学、社会学与人类学研究》，是集心理学、社会学、人类学等领域的经典之作（Bramson and Goethals 1968）。20 世纪 80 年代以后，美国的生态与新进化主义人类学家们的论文集成为主流（Ferguson 1984;Haas 1990;Ferguson and Whitehead 1992）。

大林太良为了让读者理解日本的古代战争，论述了原始战争的发展历史[11]。福井胜义就东非畜牧社会中的战争进行了社会生态学的研究，他也是日本在这一领域内的开拓者①。在有关西非的研究中，川田顺造考察了枪支的引进对王国的兴衰造成的影响，而嶋田義仁对于福贝族因"圣战"而形成的国家进行了历史人类学的研究②。20世纪80年代吉田集尔在新几内亚塞皮克河流域进行调查，他的研究分析了20世纪50年代之前此地区人们的战斗及其现实意义[12]。另外还有一些不同研究领域的成果，例如千叶德尔所著的《战斗的原貌》一书，以历史民俗学的视角讨论了武士道的意识形态和狩猎之间的关系，此书是学界少有的非常有价值的研究成果。"有关狩猎和战争的连续性的内容，在欧洲一直以来都是主要研究方向，对此弗罗威尼斯等人也有相关论述"[13]。

战争研究作为人类学的研究范畴，其根本问题可以归纳为两点。第一，人类学家基于"未开"和"文明"两种不同的视角，将研究对象限定于"未开社会"的战争。所谓"未开社会"是指未形成国家的部落社会或酋长制社会，或者是早期国家的社会。所以，霍布斯和卢梭的观点和立场看似完全相反，但也是基于以上认识的。第二，战争是社会病态的一种异象，即反

---

① 对此在弗里德等编著的《战争人类学》前言中有所提及。
② 川田順造1981《サバンナの手帖》新潮選書。嶋田義仁1995《牧畜イスラーム国家の人類学—サヴァンナの富と権力と救済》世界思想社。

秩序、反结构性的现象。对于将秩序和结构作为主题研究的人类学而言，战争被有意识和无意识地认为是不正当的研究对象。不管是功能主义、结构功能主义或结构主义，这种立场都有普遍性。在人类学中，战争、暴力和苦难等研究方向长期被边缘化甚至受到歧视。

以两次世界大战为主的众多战争给全世界带来了巨大的灾难。对于生活在21世纪的我们而言，核武器的出现，让所有人都认为战争最终将会灭绝人类。但这种认知也阻碍了战争研究的发展。接下来，笔者想从另一个角度再去考察上述的第一个问题。原则上，早期的人类学研究属于"未开社会"的研究，对于20世纪前半期的人类学研究而言，战争研究限定于"未开社会"。但是，在"未开社会"的研究中始终存在两难的困境，因此，战争研究也并非自由的。换言之，人类学家所研究的社会是政治上已经并入近代的欧洲社会，或正在被并入欧洲社会，而这些社会并不是人类学家所认为的纯粹（假如存在某种纯粹的"未开社会"）的"未开社会"。学界把北美的原住民（平原印第安人）和新西兰的毛利人作为"未开社会"的战争方面的民族志案例进行引用。基于19世纪中期以前的资料，居住在北美大平原上的黑脚族（Blackfoot）、科曼奇族（Comanche）、苏族（Sioux）等原住民被描写成好战性的族群。例如，北美洲西部原住民被塑造成"常在马背上用枪、弓箭、斧头袭击白人"的民族形象，学者用科学的方法解释了这些原住民的攻击性。

洛伦兹引用了精神分析学的调查结果，对北美大盆地的原住民尤特族（Ute）作了如下陈述：他们虽然不是印第安人，但他们与西班牙人接触后获得马匹，在他们进入大平原后习得了印第安人的生活方式[①]。这些印第安人在当今的北美印第安保护区内无法发动族群间的进攻，因此他们对这种冲动的行为感到苦恼。在数个世纪战争频发与资源被掠夺的严酷环境中，印第安人面临着极端的生存压力，这种压力促使他们发展出了极其强烈的自卫与反击的攻击性。也就是说，他们在这么短的时间内改变自己的遗传特征是非常有可能的[14]。

格伦兹认为"这种攻击性是可以遗传的"。仅凭此话，作为诺贝尔奖得主的动物学家就成了人种主义者。然而，平原地区的印第安人是否真的拥有好战的性格？在当前的人类学理论的解说中，他们的好战性格并不是天生的，而是在与白人接触的历史背景下形成的（但这也并不意味着与白人接触之前的社会就是和平的）。例如，17世纪原住民与西班牙人接触后，马匹成了战争的主要目的和必需物。18世纪随着枪支的普及，以及19世纪的商人和殖民者的涌入，导致原住民与白人合作的同时也在持续发生武力冲突。"白人在以上这些情况下所记录的内容，成了'未开社会'战争的主要资料"[15]。

毛利人作为新西兰的原住居民，其社会结构体现为一种包

[①] 基于《文化人類学事典》（弘文堂，1987）的尤特人部分。

含多层次社会阶层的酋长制国家形态。毛利人的历史战争案例展现出了非凡的重要性，主要因为毛利人的战争行为已超越了传统部落社会的范畴，显示出其社会已演进至更为复杂的酋长制国家阶段。众所周知，他们以吃人（将敌人杀死后食其尸体）为战争的主要目的之一。在安德鲁·韦达等人对"未开社会"的战争研究时提及了毛利人。然而，"战争的民族志书写是指，20世纪人类学家复原18世纪末和19世纪初的社会状态的一种纪录"[16]。毛利人与白人的接触始于18世纪并且历史悠久。白人从1814年开始进行基督教的传教活动，英国于1840年正式开始殖民活动。经过两次与英国人之间的长期战争（1834—1848年、1860—1870年）后，毛利人完全被纳入了英国的殖民统治范围。在此过程中，不仅是战争方式本身发生了变化，毛利人社会也发生了很大的变化。人类学家的调查研究是在英国获得军事胜利的数十年之后才开始的，显然在方法论上存在极大的限制。

非洲的民族志资料也是在同样的状态下收集的。也许当我们察觉到人类学家的研究是在军事上已经被征服或正在实行殖民统治过程的社会中进行的时候，才会发现以上这种情况是理所当然的。"在整个世界范围中，只有新几内亚高地和亚马孙流域等地是与初期阶段的社会和'纯粹的未开社会'相近的社会，人类学家以民族志式的方法在这些地方收集了很多战争资料"[17]。在此必须要强调的是，北美平原的原住民和非洲南苏丹的努尔人，以及南非的祖鲁人（Zulu）等对殖民统治进行了长期而且强烈的武装反抗，为"未开社会"的战争研究提供了具有代表性的案例。所以，在欧洲社会流传的他们好战的形象与人类学家一直将他们的战争作为主题有很大关系。但是，20世纪60年代以后，人类学家的自我意识、感兴趣的问题、研究主题等方面发生了很大变化。其主要原因是之前的一些"未开社会"摆脱了殖民统治并建立了有独立主权的国家，而且"未开社会"本身也发生了巨大的变化。另外，不少研究"未开社会"的学者对欧美学者所提倡的理论体制提出了异议。在这些情况下，战争人类学研究一直保持着以往的状态，仍被其他领域排除在外。换句话说，"就战争这个主体而言，作为研究对象地区的'他们'一直被冻结在永远的'未开社会'的文化"[18]之中①。人类学在近几年的学科发展过程中才开始重新考虑学者在"未开社会"的战争研究中的假设和偏见，用批判的态度对"未开社会"与西方接触及随后的殖民统治所带来的影响进行考察，并对"未开社会"在反殖民斗争中的战争或现代民族国家框架中的战争等课题进行研究。

事实上，在人类学领域，对于"未开社会"的战争研究面

---

① 1968年发行的《国际社会科学百科全书》中"战争"的内容有两部分，其一是国际法学家以主权国家之间的战争为主题所写的《战争研究》（Wright 1968），其二为人类学家所写的《未开社会的战争》（Vayda 1968），而且后者的内容与前者的内容相比只有后者的四分之一。

临一种复杂的两难困境。研究者们时常面临由霍布斯人性观理论所塑造的框架束缚，该理论强调未开化社会中普遍存在的斩首、复仇、掠夺等"好战"与"攻击性"特质。这种理论预设激发了人类学家探索原始社会中的斩首仪式、复仇机制等极具吸引力的研究课题。当然，人类学家也认为战争本身是邪恶的，因此他们想从杀戮中移开视线，或者说他们不想传播野蛮的"未开社会"的形象。从卢梭的人性观理论（和平主义的立场）而言，"未开社会"基本上是和平的，即使发生过战争，那也是没有死伤的并且有较强的礼仪性和竞技性。人类学对于"未开社会"中战争现象的研究，在其严谨的逻辑框架与深入探索的驱动下，经历了复杂而多维度的演进过程，同时也遭遇了诸多挑战与阻碍。

爱德华·埃文斯-普理查德所著的《努尔人》（1940）对战争研究产生了很大的影响。在该学术著作中，作者巧妙地以努尔人的"社会分层"架构作为分析框架，对处于非中央集权统治状态下，即所谓"无国家社会"环境中持续存在的战争现象进行了实证研究。在其方法论层面上，该民族志与霍布斯的人性观理论的探讨形成了深刻的学术对话与联系。作者在文中指出"与放牧一样，努尔人的战争是其主要日常活动之一"[19]，"努尔人因为好战而具有频繁的杀人行为"[20]等。虽然书中有很多篇幅是关于战争的，但是几乎没有描写战争的具体内容，包括参战人数、武器的使用方法、战术、死伤人数等，这也反映了上述战争研究的两难境地。

第三节　对武器和战术的兴趣

特尼·海格在1949年出版的《未开社会的战争》一书中，深入剖析了极端生存压力如何塑造社会攻击性，具有极高的启发性和学术价值。此书分为两部分，第一部分描述了实际战场上使用的武器和战术，第二部分分析了战争的各种动机及其价值体系等。书中的创新点在第一部分，这部分所使用的资料都来源于以第一手资料为基础的民族志内容。特尼·海格指出，几乎所有人类学家的军事理论知识连二流国家的下级军官都不如。尽管有关战争研究的民族志很多，但几乎都很少有对实际战斗的准确描述[21]。对于人类而言，"战争作为一种高度复杂的非物质性文化综合体，一直以来都是学术界广泛探讨的焦点之一。只是对战争实施中的核心层面，即战术策略与实战方法的探讨，往往被边缘化或有意排除于主流研究范畴之外"[22]。

与专业人类学家相比较，特尼·海格在收集有关实际战斗的材料时，更重视非专业的民族志和以旅行者的直接观察为根据的记录。由于传统跨文化的比较研究方法，以及人类学家对战争的和平主义态度，他们长期以来一直忽视了《未开社会的战争》一书[23]。1971年《未开社会的战争》重新发行，但再版序言的作者阿纳托尔·拉波波特并不是人类学家,他是研究政治理论和军事制度的专家,因此,该书在人类学之外的其他学科领域中评价也非常高。特尼·海格在再版后记中将爱尔兰共和国军队(IRA)、东非的茂茂运动、阿尔及利亚的反法运动等称为恐怖活动,他认为这些活动与热带雨林中的斩首行为非常相似[24]。事实上,1971 年的这种意识只是过时和保守反动的想法而已。特尼·海格是继美国人类学之父弗兰兹·博厄斯之后的传统派,他是包括自然人类学和考古学的在内的"综合人类学"的继承人之一。他所著的属于古典人类学派的教科书《综合人类学》(1949)在今天也不容忽视。但学界至今依然认为他对武器和战术的无视,使其战争研究存在根本性的缺陷。

特尼·海格于 1942 年离开大学,自愿报名成为职业军人,后来还晋升为预备军的上校。"他最初被调配到骑兵部队,这也是中世纪以来的传统,后来在第二次世界大战中他作为宪兵被派往欧洲战场,这些经验显然是他对军事和人类学感兴趣的原因"[25]。将特尼·海格的职业生涯与埃文斯-普里查德相比,就会发现一些非常有趣的内容。第二次世界大战期间,埃文斯-普理查德也曾自愿参战,但是与在军营后方工作的特尼·海格不同,埃文斯-普理查德是在被意大利军队占领下的埃塞俄比亚西部的指挥部参军的,并且他还参加了实际战斗。这些经历在他晚年时发表在当时的军事杂志上①。对于埃文斯-普理查德而言，在军队里的经验并没有使他选择研究武器和战术。这或许是因为他更直接地参加了战斗，并亲身经历了战争所带来的灾难。从战争人类学的视角出发，特尼·海格对埃文斯-普里查德的批评聚焦于后者对技术层面及物质文化中武器部分的记录相对匮乏。然而，这一批评不仅超越了埃文斯-普里查德原有的研究框架，而且为学界开辟了一个前所未有的新颖视角。事实上，武器是民族志博物馆中非常重要的展品之一，在世界各地的民族志博物馆中有很多各式各样的武器展示。虽然学者在社会文化礼仪中对武器的使用和象征意义方面进行了大量的研究，但是对其性能和使用方法等却很少有人涉及②。如上所述，人类学家似乎在"杀人的技术与工具"领域的研究中展现出一种自我约束的倾向，这一现象的间接指征在于，他们与研究主题所蕴含的人性维度及同情心之间建立了相对疏离的关系，同时在心理层面保持了对该主题的某种超脱。然而，在历史民族学和进化论视角下的人类学研究中，武器及其相关议题占据了

---

① Evans-Pritchard,E.E.1973.Operations on the Akobo and Gila Rivers, 1940-41.The Army Quarterly 103(4):1-10.(Geertz,C.1988.Works and Lives: The Anthropologist as Author. Stanford: Stanford University Press).

② 在 W.T.Divale 的著作 *Warfare in Primitive Societies: A Bibliography (Santa Barbara: American Bibliographical Center,1973)* 中详尽编纂了关于原始社会中战争武器相关的文献资料。然而，该文献对于第二次世界大战后相关领域的研究覆盖较少，呈现出一定的时代局限性。

不可或缺且至关重要的地位。

人类学家基斯·奥特宾在加勒比海域和非洲等地都进行过大量的田野调查,在他关于战争进化的著作中,用50个社会的案例分成数十个项目进行了乔治·默多克流派的跨文化比较范式的研究。他在著作中将战术和武器的类型作为非常重要的内容进行分析,其得到的结论之一是武器的种类和政治权力的集权化之间存在着一定的关联。"在中央集权化的社会中,比起投掷武器(弓箭和标枪),使用冲击武器(刀和刺枪)的可能性更高"[26],特尼·海格也指出冲击武器的有利性[27]。笔者想说的并不是此结论恰当与否,而是研究者与研究对象之间的心理距离对研究方法和内容所产生的影响。

显然,人类学领域的战争研究与军事史领域的战争研究相比,前者与研究对象之间的心理距离更明显,而后者对战术和武器的发展史进行了冷静而透彻的客观分析。约翰·基根的《战争史》(1993)是近年来军事史领域中非常出色的研究成果,他在书中广泛使用了人类学和历史学的文献,用批判的角度论述了古代和现代战争。然而基根的客观性指向的是自己和英国的军队。他在大学毕业后成为英国桑赫斯特皇家军事学院的教官,他当时的同事基本上都是经历过战争的军官。"他在这里遇到了异文化,并发现了英国陆军是极端的部落主义者"[28]。可以说,《战争史》的魅力来源于能到达这种认识的诙谐和自由的精神。无论如何,这样的著作并不是源自人类学领域而是源自军事史领域。劳伦斯·基利的《文明前的战争》(1996)是近年来战争人类学领域内最重要的研究成果。"通过审视可信赖的考古学和民族志文献,从批判的角度阐释了'未开社会'战争的整体情况,并且展开讨论了战争论对社会科学的意义"[29],然而,劳伦斯也并不是人类学家而是考古学家。如上所述,战争以尖锐的形式与研究对象之间保持了一定的距离,这也表现了人类学的根本问题。具体而言,研究战争的人类学家有意识或无意识地被迫选择了与研究对象之间关系,包括与被研究者之间保持心理距离的客观主义态度,基于心理上的亲密接触和人道主义的共鸣,把研究对象当作永久的"未开人",将研究对象看成是与自己同时代的人等。因此,战争是一个充满刺激和挑战的研究领域。

第四节　什么是"未开社会"的战争:"未开社会"的战争和"真正的战争"之间的分水岭

即使"未开社会"的概念已经落后于时代,但不管是否采取进化主义的立场,以及暂且不论武器的差异,与近代欧洲接触之前的非欧洲世界[①]的战争和拥有常备军的近代主权国家的战争之间具有极大的差异性。欧洲在产业革命时期生产了大量的枪支和大炮等武器,当时征兵组织的国民军队才拥有这些装备和武器。近代国家的军队在其组织力和破坏力方面取得了显著的发展。然而,"未开社会"和近代社会的战争差异是绝对的还是相对的,明确认识并处理这个问题仍然很重要。我们可以从特尼·海格所著的《未开社会的战争》中所提倡的"未开社会"的战争和"真正的战争"的分类中进行理解。此分类一直以来对人类学和军事史学中的"未开社会"的战争研究产生了很大的影响。

---

① 这里所提及的"非欧洲世界",并非仅限于狭义上那些尚未形成国家结构的"未开社会",而是广泛涵盖了在亚洲、非洲、美洲等地区内,拥有高度发达军事组织架构的王国与帝国。这些地区的社会实体在军事组织层面展现出了显著的复杂性和成熟度。

特尼·海格认为"未开社会"的战争和"真正的战争"有本质上的区别,必须要超越被称为"军事地平线"的境界才能发展成"真正的战争"。他认为"真正的战争"必须满足以下五个条件[30]。

第一,拥有战术性作战方法。

第二,明确的指挥和控制。在整个军事行动中如果没有指挥和控制的话就等同于血腥争斗。

第三,在战斗失败后,有持续的抵抗能力和战斗能力。这比单纯的袭击要复杂很多,并且需要自我调节和社会组织能力。

第四,明确的动机。这种动机不只是个人,也不是基于亲属关系的,必须要有集体的动机。真正的战争是报复性斗争之上的政治集团之间的战争。

第五,有充足的补给。

根据特尼·海格的定义,"未开社会"的战争不具备以上条件或只具备部分条件。换句话说,"未开社会"的战争缺乏战术性作战、指挥和控制,它并不是以集体经济和政治为目的,而是为了个人和亲属的名誉。"未开社会"战争的战术性较弱但礼仪性和竞技性较强。因此,"死伤人数较少,对社会的影响也不大"[31]。而"真正的战争"在任何意义上都与"未开社会"的战争完全不同。真正的战争是在有明确的战术、指挥和控制、充足的供给和后勤军需等基础上进行的有效率且持续的战斗,击败敌人是为了达到集团的经济和政治目的,此时的集团是指近代国家。为了"国家利益"而持续进行的合理且有效率的战争即是"真正的战争"。

这种"未开社会"的战争理论仍有很大的影响力。特尼·海格以霍布斯的人性观理论视角为主,强调"未开社会"的战争与文明社会的"真正的战争"相比,"未开社会"的战争并没有破坏性影响,这似乎也有卢梭的人性观理论的影子。总而言之,特尼·海格的战争观是"未开"和"文明"两个互不相交概念的二元论。事实上,"真正的战争"这个词会让人想起克劳塞维茨。史上第一部《战争论》的作者卡尔·冯·克劳塞维茨[①](1780—1831)是参加过拿破仑战争的普鲁士军人。拿破仑是世界上最早创建"国民军队"的人,而法国革命也创造了世界上最早的国民国家。用克劳塞维茨的话说,这场使整个欧洲都被卷进去的近代军队战争才是"真正的战争"。当时普鲁士和俄国的军队是由雇佣兵、民兵、战士部落的后裔、被强制征兵的农民等组成的,其具有很强的中世纪特点,但他们无法直接击败拿破仑的军队。"克劳塞维茨是普鲁士的民族主义者,他的终生目标是如何建立一个能够持续战斗且不服革命的拥有'真正的战争'能力的军队"[32]。

特尼·海格所述的"未开社会"的战争和"真正的战争"

---

① 西谷修认为"战记"和"战术论"类似的著作在这之前有很多,但克劳塞维茨(クラウゼヴィッツ)的《战争论》是首次将战争当作绝对的研究对象的著作(西谷 1998:45)。

之间的区别与克劳塞维茨认为的"现实的战争"和"真正的战争"之间的区别非常相似。例如,克劳塞维茨指出"战争是不同手段的政治延续",这个定义在学界非常有名,而这也在特尼·海格所述的"真正的战争"应具备的五个条件中的第四个条件中有反映。也许对于作为军人的特尼·海格而言,罗杰·卡约瓦的《战争论》是无须引用的常识性书籍。那么,在"未开社会"的战争与"真正的战争"之间是否真的存在着不可逾越的"军事地平线"?本书的立场并不像特尼·海格所设想的那样绝对。因为,像南苏丹的纳里姆人和托波萨人的掠夺活动(参见第一章第一节)拥有明确的指挥和战术,他们也可以长时间持续战斗,而且还拥有为了防止敌人追击的防御系统,可以说这些都是典型的军事行动,这些案例已经明确超越了所谓的"军事地平线"。另外,还有必要指出,特尼·海格所阐述的"真正战争"概念蕴含了深刻的理念性维度。现代军队中身穿正装的仪仗兵继承了古代的礼仪,而且,每个士兵都有实现"男性气概"、追求个人名誉和利益的一面。当然,这种个人层面上的动机和国民国家的忠诚心,未必能在军队组织中通过不断地教育和训练联系起来。

在第二章中通过分析相关民族志,理清"未开社会"的战争和"真正的战争"之间的相对性。同时列举一些"未开社会"与文明社会在交战过程中取得胜利的案例。如果说两者的区别是绝对性的,那么"未开社会"不可能战胜文明社会。然而,事实上我们在现实中可以看到很多这种假设的反证，因此，现代国家的军队也并不是万能的。

近代欧洲社会对"未开社会"评价过低。不只是研究"未开社会"的学者，包括政治家和从军于征服战争的军人也存在这种认知。近代欧洲军队确实在武器装备上占有绝对性的优势。但是，"尽管在欧洲殖民地征服史中并没有正面的评价，但是'未开社会'战胜欧洲军队的案例特别多"[33]。在此先举一些较小的案例。笔者所调查的阿努瓦人居住在埃塞俄比亚西部和南苏丹。20世纪初期，以苏丹为殖民地的英国[①]想平定所谓的"不顺从的草民"阿努瓦人。1912年，苏丹的殖民政府派遣部队讨伐阿努瓦人的酋长阿克瓦伊（Akwai）。在英国和埃及将军的指挥下，由当地约350名平民组成的部队乘坐炮艇到达尼罗河流域后，徒步前往阿克瓦伊的根据地。3月15日，行军部队遭到了阿努瓦人的毁灭性的伏击。两名英国军官和三名埃及军官，以及42名下级军官等几乎全军覆没。据说当时阿努瓦人组织了一支由700支步枪武装的伏军。"这些步枪是在与埃塞俄比亚之间的交易和贡纳体系下获得的"[34]。阿努瓦人的枪支中夹杂着老式的枪支，综合火力方面肯定比不上以新式步枪和轻机枪武装的英国人。然而，阿努瓦人的武装部队在人数上则占优势。因此，如果使用恰当的作战方法，就可能战胜殖民政

[①] 准确地说，应该是1899年苏丹成了英国和埃及共同的殖民地。

府所训练的军队。

在南非发生的英国和祖鲁人战争中，祖鲁人多次打败过英国本土派遣的精锐部队。其中，伊桑德尔瓦纳战役（Battle of Isandlwana）是英国在非洲遭受的最大的战败。英国企图征服科什瓦约国王（King Cetshwayo）统治下的祖鲁王国，于1879年1月11日委任洛尔德·切姆斯福德勋爵（Lord Chelmsford）为总司令，由7000名英国陆军（步兵和炮兵）和1000名白人志愿兵（骑兵），以及数千名非洲人后援部队组成的三路部队同时发起进攻。1月22日英国军队在一个叫做伊桑德尔瓦纳的山腰扎营时，遭到祖鲁王国的25000人的军队的攻击。最后在激烈近战结束后，只剩1700名士兵的英国军队被祖鲁军歼灭。英军战死的人中包括英国军官52名、士兵806名、非洲的后援军约400名，只有60名英国将士和400名非洲士兵幸存。祖鲁王国军队的伤亡也比较严重，大约有1000名将士战死，数千人负伤。"总司令丘姆斯福德勋爵的轻敌被认为是战败的主要原因之一，当时他在大军扎营地根本没设任何防御工事"[35]。这种历史性的战败对英国造成了很大的打击，同时在英国人的脑海中留下了"凶猛且勇敢的祖鲁战士"的印象。

祖鲁人的武器是用他们的短矛交易得来的欧洲产的步枪，这些步枪基本上都是老式的步枪。英国方面的主要武器是能装刺刀的新式步枪，而且还有野战炮的掩护。"在战争快要结束时，他们还增加了最新式的轻机枪，发挥了极大的作用"[36]。

虽然英军在综合火力上占了上位，但祖鲁王用"联队"组织的整个部队有4万至5万人，可以说拥有持续进行"真正的战争"的能力（关于祖鲁王国的军事组织在后文中详述）。

以下将再举一些非洲社会战胜殖民政府的案例。非洲社会的政治组织并没有像酋长国家和王国那样发达，而且枪支数量有限。赫勒罗人（Herero）是居住在现在的纳米比亚的牧民，他们的语言与祖鲁等民族同属一系。非洲的西南地区是德国的殖民地，赫勒罗人被德国人抢夺了土地和牲畜后成了德国人的牧场工人。事实上，德国的殖民行为以其残酷的掠夺而闻名，当时的赫勒罗人被德国人称之为"狒狒"，他们受到了低等人的待遇。1905年，赫勒罗人发起了武装起义，只有短矛和老式步枪的赫勒罗人在各地击破德军，逼迫德军撤退至各要塞阵地。

然而，首战的胜利代价也很大，德国皇帝因此消息受到了很大的打击，立即更换了非洲西南地区的总督兼总司令官，任命拥有镇压坦桑尼亚叛乱经验的将军为总督，并且从本国派遣两万精锐部队。当拥有野战炮和机关枪的德国陆军到达后，战局被迅速逆转，赫勒罗人遭遇了种族灭绝。德国陆军是当时世界上最现代化且最强大的军队之一，他们以极其野蛮和残暴的方式镇压了叛乱。"1907年赫勒罗人的武力抵抗终结时，他们的人口数量从战前的8万人急剧下降到1.5万人"[37]。

在美国的原住民印第安人也经常击败政府军。1876年的小巨角河之战是史上最有名的战争，当时由苏族（Sioux）和夏安族（Cheyenne）组成的1800人的联军部队歼灭了卡斯特上校所率领的200名骑兵团。事实上，在人数上占优势的"未开社会"与现代国家军队之间发生野战时，"未开社会"也有的胜利机会，尤其是采取奇袭和伏击战术时，其胜利的机会更大。文明社会的军队并没有因战术优势而战胜"未开社会"的军队。文明社会一方有必要学习并模仿"未开社会"的战术，"未开社会"一方也有必要寻找合作者和盟友。"未开社会"的战争和"真正的战争"之间的区别并不是绝对性的，这意味着战争的胜败并不仅仅是以战术的合理和效率、武器的数量和质量决定的。这点"在20世纪的游击士兵击败了装备上有压倒性优势的国家军队的很多案例中得到体现"[38]。

文献来源

1. カイヨ 1974:7。
2. Wright 1968:1-2; 福井 1987。
3. エヴォンズ＝プリチャド 1997。
4. 福井 1988:92-94。
5. Kurimoto 1995:284-290; 栗本 1998 a。
6. エヴォンズ＝プリチャド 1997：277。
7. Kurimoto 1995:292.
8. フリー等 1977:11；Hallpike 1973:451;Ferguson 1984:5-6.
9. 大林 1984:13-14。
10. 山田隆治 1960《戦士と戦争》岡正雄編《世界民族》（図説世

界文化史大系2）角川書店，185-190。

11. 大林 1984。

12. 福井 1984a、1984b、1985、1988；Fukui and Turton 1979.

13. 吉田 1988。

14. 千葉德爾 1991《たたかいの原像—民俗としての武士道》平凡社。大林 1984:15-16。

15. ローレンツ 1970:334。

16. 可参考 Ewers (1976).

17. Vayda 1960,1976.

18. 清水 1992。

19. エヴォンズ＝プリチャド，E・E 1997:198。

20. エヴォンズ＝プリチャド，E・E 1997:234。

21. Turney High 1971:5-6,21-22.

22. Ibid:21.

23. Rapoport 1971:v-vi.

24. Turney High 1971:255-256.

25. Keegan 1994:89; Keeley 1996:10.

26. Otterbein 1989; 大林 1984:26-27。

27. Turney-High 1971:12-13.

28. Keegan 1994: xii-xvi.

29. Keeley 1996.

30. Turney High 1971:1971:30.

31. Keeley 1996：10-15.

32. Keegan 1994:12-24.

33. Edgerton 1988:195-196.

34. Kutimoto 1992:10-14; 栗本 1996:195。

35. Edgerton 1988:chaps.1,4; Knight and Castle 1992.

36. Ibid:55-56;Knght 1995:167-169.

37. Drechsler 1980; Edgerton 1988:210-212.Edgerton, J. M.

Bridgeman, *The Revolt of the Hereros*, Berkeley: University of California Press, 1981.

 38. Keegan 1994:chap.5.

图 5-1 赫尔普玛卡要塞：军队在日落时扎营

图 5-2 开拓赫尔普玛卡的营地

图 5-3 "有罪还是无罪"——伊桑德尔瓦纳战役后的一场审判

图 5-4 要塞图

第二章

"未开社会"的战争形态与理论探析

第一节 "未开社会"的战争民族志

事实上，"未开社会"的战争形式具有多样性，人类学家对战争的原因和目的也有各种不同的解释。比如，安德鲁·韦达对战争的功能进行了列举：不安、紧张、攻击性等心理变量的控制、权威调整、与其他团体之间的关系的调整、财产和资源分配的调整、人口调整等[1]。以下将讨论北美大平原的原住民黑脚族（Blackfeet）、新几内亚高原上的马林族（Maring）以及南美的亚诺玛米族（Yanomami）这三个在人类学中被称为"好战部族"的不同社会是如何被描述和分析的。

约翰·爱华兹根据白人的记录和黑脚族人的口述重构了19世纪的黑脚族，认为他们是西方戏剧中经常出现的好战民族——印第安人[2]。如前所述，对于当时的黑脚族处于"未开"状态的理解是不合理的，因此，有必要以批判的态度重新思考爱华兹的民族志及当时的黑脚族的历史背景。韦达作为主要从功能主义与生态人类学视角研究战争的杰出学者，选取马林人作为调查对象，深入剖析其独特的战争文化。在韦达开展这项研究前，马林人的战争一直延续至1962年。因此，与黑脚族的案例相比，调查的时间和主题与实际发生战争的时间差距较小。拿破仑·香格农所调查的亚诺玛米族在20世纪60年代中期还处于战争状态。因此，香格农的民族志非常珍贵，他也毫不犹豫地描写了亚诺玛米族的残虐性，这点也是他的民族志被关注的原因。把"凶猛的人们"作为副标题的亚诺玛米族的民族志是一个非常适合证明霍布斯的人性观理论的理想样本。

一、黑脚族（Blackfeet）

黑脚族是居住在现在的美国西北部至加拿大西南部的密苏里河上游的平原和落基山脉东麓的原住民。直至18世纪初，黑脚族人尚处于无铁器、无农耕的狩猎采集阶段，他们以野牛为主要狩猎对象，过着原始的生活。然而，18世纪初期与西班牙人的首次接触后，他们不仅获得了马匹和枪支等现代工具，还逐渐建立起与白人之间的贸易往来，尤其是通过野生动物的毛皮交易使他们获得了老式的步枪、弹药、铁器、香烟、酒精等。随着与白人之间的贸易往来，他们的社会发生了很大的变化，战斗部队也从原来以弓箭和盾牌为装备的步兵集团变成配有枪支的骑兵集团。19世纪初黑脚族的人口约有5000人，他们被认为是这片土地上最具攻击性的族群，并以史上最快的速度组织起了用枪支武装的骑兵部队，因此，他们比周围的族群在军事上有很大的优势。"黑脚族经常攻击南方的肖肖尼族（Shoshoni）和西方的弗拉特黑德族（Flathead）等周围的族群，扩大了他们捕猎野牛和其他野生动物的猎场"[3]。

1810年以后，周围的原住民也拥有了枪支，原住民内部的战斗和原住民与白人之间的冲突更加激化了[4]。黑脚族由三个部落构成，各部落在每年夏季都会组成一个很大的营地，年轻的男性时常骑马用弓箭捕猎野牛。而在夏季以外的时间，他们以100人至200人为一个共同体生活在一起。每个共同体都有各自的首领，但他们的首领并不是世袭制，而是根据男性的雄辩能力、马匹数量、战功和群众的支持度为基础推选。"在这些共同体中最有影响力的首领又会被选任为整个部落的领袖，但其政治权利是有限的"[5]。

19世纪中期，黑脚族的势力达到顶峰。黑脚族作为整个大平原西北部最具攻击性的原住民，开始攻击广大平原上的其他族群，他们的目的并不是扩张领土而是掠夺马匹。因为马匹对他们而言，既是经济上的财产也是获得社会威信的财产。"这种行为并不是由有组织的部队去完成，而是由自愿参加的小集体去完成的"[6]。事实上，积极参与这种攻击行动的基本上都是没有马匹的贫困家庭的年轻人。一般由有经验的长辈和首领带队，以12人至13人自行组织攻击小组，而且很多时候其成员并不固定。当目的地远离营地1000公里以上时，攻击小组会在行军路上捕猎野生动物充饥。当行军路上通过敌人的村落时，为了不被敌人发现，他们的行动必须要十分隐蔽才可以。他们携带的武器有大刀、弓箭和老式的步枪。他们中很多人为了行动成功都会带上一些类似诅咒物的东西。当他们接近敌人的营地时，先派侦查人员前往营地侦查，之后在黎明时袭击敌方并抢劫马匹。杀害敌人并不是他们的目的，为了迅速撤退，他们只会抢夺自己所需的马匹，战果往往只有十几匹马。这种掠夺行动有很大的危险性，他们有时会在敌营与敌人交战，有时在撤退的过程中被敌人追击。根据1854年的文献记载，有12个黑脚族人袭击了克里（Cree）印第安人后，被追击的途中有11人被杀，剩下一人被活捉带回营地。为了让他回家传达消息，他被剥去头皮并砍断一只手后释放。但他在离开营地时，用另一只手杀害了克里的一名少年，因此，不久后他又被抓获并杀死。像这种在掠夺行动中有人被敌人杀害时，部落会组织数百名男性参加并由首领带队的大规模的复仇行动。这些男性身穿战衣，骑着骏马并携带枪、弓箭、棍棒、刀和盾出击。这些复仇者会剥去敌人的头皮作为战利品带回去。发生这种报复性行为时，黑脚族会用最残酷的（砍头或砍手脚等）方式杀害敌人。

这种原住民之间的战争在19世纪后半期发生了很大的变化。1855年，美国政府与黑脚族签订了第一个条约。此条约规定，黑脚族必须要放弃一部分领土并保证不再对周围其他族群进行攻击，为此，美国政府会保证黑脚族的安全。19世纪60年代横贯大陆的铁路开通后，白人移民来到黑脚群的领地并建设了养牛牧场。黑脚族人在失去土地的同时，作为生计之源的野牛数量也锐减，不久就灭绝了。1870年发生了美国骑兵部队虐杀近 200 名无抵抗力的黑脚族老人、女性和孩子的事件。"双方签订多个条约后，19 世纪末黑脚族被迫进入定居点，并依靠政府的援助生活，战争时代宣告终结"[7]。

二、马林族（Maring）

马林族人是居住在新几内亚高地俾斯麦山脉的族群，人口约有 7000 人。马林族人主要以种植红薯为生，以养猪和狩猎采集作为副业。"20 世纪 40 年代以前他们没金属器，整个地区的人口密度是 14 人/平方公里。在人口最密集的地方，则是 250 人/平方公里。韦达在 1962 年至 1963 年间进行第一次田野调查，第二次田野调查于 1966 年进行"[8]。当地是以氏族为单位的村落社会，每个村落由 200 人至 850 人组成。他们在氏族内实行族外婚，在村落内又实行族内婚。氏族村落之间以耕地为中心沿着河流有明确的边界线，村落是发动战争和举行礼仪的特定单位。

马林族的战争在不同的发展阶段中夹杂着几个和平时代，而这些和平时代正是积累战争的时期。韦达认为人口增加的压力是战争发生的主要原因，并从马林族人的角度分析了 39 个战争案例的直接原因，结果显示，其中 22 起战争是由村落之间的杀人或杀人未遂事件导致的。其他的原因则为偷猎、盗窃农作物、邪术、诱拐女性、强奸等。在马林族人看来，对其他村落的侵犯行为，应该用战争的方式进行报复。他们的和平时期一般会持续10年，这是由养猪的速度决定的。因为在战争结束后，为了感谢祖先的保佑，他们要举行大型的祭祀活动（在大约200人组成的村落内举行祭祀时，至少要杀170头猪作为祭品）。因此，在祭祀所用的猪没准备好前，大概率不会发生村落之间的战争。

如上所述，当地的战争可以分几个阶段。第一个阶段被称为"无关紧要的战斗"。敌对的两个村落会在事先约定好的地方集合，战士们手持木盾（几乎能遮住整个身体）和弓箭。两个村落在弓箭的射程距离内展开列队，用木盾防御弓箭的攻击，其间有人会为了表现自己的勇气，冒着敌人弓箭的危险放开木盾射箭。这种战斗有时会持续几天到几周的时间，每次战斗结束后战士们会回到各自的村落，然后第二天再次开战，而且这种战斗很少会出现死伤。当敌对关系不能以和平的方式及时解决时，战斗会发展到下一个阶段，即所谓的"真正的战斗"阶段。此时的武器除了弓箭之外还有短矛，以及便于近战的斧头和刺枪等。双方组成的纵队到达约定好的战场后，前排的战士拿着斧头先冲向敌人，与敌人一对一地进行白刃战，而后排的战士用弓箭和短矛掩护前排，后排战士按顺序替换前排的战士。与"无关紧要的战斗"相比，这种战斗有一定的危险性，但是死伤率还是比较低。这种战斗有时会持续数月，但战士绝不会在战场上露营,每次战斗结束后都会回到村落中休息。有时他们会为了修理武器、休息或农事等原因,在双方同意的前提下暂时性地休战。另外,还有一种战斗形式与以上两种方式不同,叫作"袭击"(raid)。村落中的男性被组织起来并夜袭敌对村落,他们用弓箭和短矛攻击熟睡的敌方男性,并杀害数名敌方男性后撤退。这种袭击会深入敌人村落内部,很有可能被敌人追击。相较之下,规模比较大的村落共同体很少受到袭击。1955 年,一个比较大的村落袭击了另一个约 300 人的较小的村落,其中有 23 人被杀害。除此之外,死伤人数最多的是被称为"遁走"(rout)的战斗。这种战斗不仅袭击敌方村落并放火,杀人时不分男女老少,还会破坏敌人墓地。之后,战胜一方会占有战败一方的土地,一些村落往往会产生大量难民。这种战斗所导致的敌对关系,即使通过杀猪的祭祀仪式也无法化解,所以双方关系进一步恶化。在这种战斗中,村落共同体会向"同盟"村落寻求帮助,而婚姻是同盟关系的基础。韦达从生态人类学的角度提出,人口增长和人均粮食生产量下降会导致村落内部和村落之间的紧张关系。战争是造成紧张的根源,同时也是将对方土地据为己有,并且通过战斗来减轻人口压力的一种手段。然而,根据韦达的调查,马林族人因对战败方诅咒术的恐惧,很少将战败方的土地据为己有。所以,很多战败者会很快回到原来的土地上继续生活[9]。

根据韦达的解释,战争与和平的周期恰好与祭祀祖先的周期一致。祭祀活动需要宰杀大量的猪，而且繁育足够数量的猪则需要长达 10 年的时间，因此，战争通常每 10 年发生一次。"关于猪、祖灵、祭祀之间的关系，与韦达共同进行调查的罗伊·A. 拉帕波特做过详细的实证研究"[10]。这种"猪、祭祀、战争"的模型可以说是生态人类学视野下，研究战争的另一种形式。

三、亚诺玛米族（Yanomami）

亚诺玛米族是生活在巴西和委内瑞拉的国境地带，以及奥里诺科河上游的热带雨林的族群，约有 1 万人，领地约有 11 万平方公里。他们以农耕和狩猎采集维持生计，共有 100 多个村落，各村落之间约有徒步一天的距离。"1 平方公里以内的人口密度为 0—1 人以下，人口密度非常低"[11]。

拿破仑·香格农是最早对亚诺玛米族进行田野调查的学者，他自 1964 年先后进行了 16 个月的田野调查。亚诺玛米族与外界持续发生接触是在 20 世纪 50 年代，香格农在调研过程中并没有与很多村落直接接触，他自己在调研时居住的村落内也没有人会西班牙语。香格农称亚诺玛米族为"凶猛（fierce）的人们"，"凶猛"是亚诺玛米语"waiteri"的翻译。他撰写的民族志《亚诺玛米》的副标题也是"凶猛的人们"。在当地的神话故事中，亚诺玛米的男性是从滴在大地上的浓厚的"月之血"中出生的，因此天生凶猛。"而亚诺玛米族周围的其他族群的男性是从稀薄的'月之血'中出生的，因此属于不凶猛的人"[12]。亚诺玛米族的男性，从少年开始就形成残酷和凶猛的意识，特别是对女性，极为暴力。香格农强调这种男性的暴力是后天习得的，即在社会中被构造出来的。他们有时会使用制幻剂提高自身的斗争意识。"他们在对打胸部的决斗、棍棒对决、袭击、盛宴上的暗算等过程中表现出极为暴力的一面"[13]。《亚诺玛米》一书的摘要中描述了当地村落间发生战斗的案例。B 村 (Bisaasi-teri，简称 B) 是香格农调查的对象，这个村落在他到来的 15 年前就与邻村之间持续发生战争[14]。B 村是 P 村 (Patanow-teri，简称 P) 的分支，而 P 村也是从一个很大的母村分支出去的。这个两村落与其母村之间处于关系紧张的状态，B 村与南邻的 K 村 (Konabuma-teri，简称 K) 之间结成友好关系并想要强化自身的政治立场。1940 年下半年，双方村落之间开始相互访问和交易，结成了同盟关系。亚诺玛米人相信除了直接对野兽和人的攻击以外，还可以用诅咒术杀人。在两个村落同盟关系的发展期，B 村落发生了数名孩子相继死亡的事件，村里的巫师认为是 K 村的咒术引起的，此后村里的人们将同盟村落 K 村视为敌人。一日，K 村的一位男性独自一人去 B 村做客，起初他作为客人受到了 B 村人的欢迎，但后来村里的一名男性从背后用斧头将其打死，这次事件之后两村开始频繁发生战争。有一次，K村人终于等到了给被杀害的男性复仇的机会，他们以两村之间的同盟关系为由说服B村人参加宴会。当客人们放松之时，K村的村民突然用棍棒袭击B村人，杀害了B村的数名男性。B村的其他人在逃离村外的途中遭到埋伏，有数十名男性被杀害，有很多人负伤，还有一些女性被俘虏。其余幸存的村民弃村而逃，去北方的M村（Mahekodo-teri，简称M）避难，此事件发生在1951年，第二年B村的幸存者在很远的地方新建了村落。

上述案例充分说明，村落之间的敌对与友好关系是与战争密切联系在一起的。村落是政治性和自主性的单位，用香格农的话说，它拥有"主权"，但这并不意味着村落之间没有社会和经济上的联系，反而是村落之间有活跃的交易和同盟关系。庄稼收割结束后，是村落间进行交易和举办宴会的活跃时期，也是战斗的时期。他们的主要交易物品是弓箭、陶器、吊床、狗、草药等，有些村落会向别的村落供给物品。村落之间通过明确分工，建立了经济上的相互依存关系。缔结同盟关系的村落之间相互提供庇护，在同盟关系中某个村落因战败而失去耕地时，可以到另一个村落避难。村落宴会通常只邀请有同盟关系的村落，有时这种有同盟关系的村落也有潜在的敌对关系，这时的宴会就会在某种紧张的气氛中举行。宴会举办方会提前去打猎，除了准备野猴、犰狳、野猪、火鸡等肉类以外，还需要准备大量的香蕉作为主食。客人需要在身体上涂抹染料，手持短矛等武器参加宴会。在宴会上，他们会以娱乐的方式投掷短矛示威。"而宴会举办方会安排歌舞表演并提供食物。双方除了进行交易以外，举办方还需要准备礼物送给客人"[15]。有时在宴会上，双方因为对食物和礼品的不满等琐碎的事情争吵，进而进行"对打胸部的决斗"。这种决斗的双方需要各派一名男性到村落中心，在众人面前一方男性双腿伸直站立，双手放后交叉，突出胸部，而另一方则用重拳击打对方胸部，两人一直重复这种行为。其他男性则手持短矛、斧头、棍棒等武器围观，直到双方中一人被击倒在地。这种决斗是有规则的，一般不会出现死亡的情况。如果决斗再次升级就会变成"击打侧腹比赛"，同样只许两位男性进行，但此时两人需要蹲下用手掌拍打对方的侧腹。虽然给对方的冲击和痛苦比较大，但也很少有流血事件[16]。

另外，还有一种决斗叫作"棍棒对决"，这种决斗通常是因为通奸而引发的。除了不同村落的男性以外，村落内部也时常发生。男人去找第三者挑战，如果对方接受挑战，双方就会用3米长的棍棒轮番击打对方的头部。如果双方中一人流血倒地，就会变成双方所属集团之间的战斗；如果双方中一人死亡，则死者方可能会组织人员"袭击"对方村落。如果上升至"袭击"阶段，就是名副其实的战争，其目的便是杀敌。数十人组成的袭击队伍在深夜埋伏，只要杀死一个敌人便迅速撤退。在袭击行动开始之前，他们会举行仪式。另外，他们还有躲避敌人追击和安全撤离的战术。村落间最高级的暴力形式是"暗算"。如上所述,"邀请敌人参加宴会,在宴会期间发动袭击,用棍棒打死多数敌人,而敌方的女性被作为战利品在村落内部平均分配"[17]。亚诺玛米族的成年男性中大约四分之一是因战斗而死,因此,村落间的战斗非常严重地影响了人口发展。一个拥有 200 人左右的村落在 15 个月内相继发生 25 次战斗,10 人死亡。在上述案例中,B 村曾经因为被暗算而失去了十分之一的人口。根据香格农的解释,亚诺玛米人的战争并不是为了扩张土地和自我防卫,而是为了防止女性被其他村落抢夺,或为了能更好地获得其他村落的女性,也可能为了增强村落的势力等。用香格农的话说,战争是为了防止失去"村落的主权"而发生的,即战争的原因是并不是为了土地而是为了女性。而且,战争是拥有独立主权的村落之间为了适应互相争夺女性的这种文化状态而产生的一种行为方式。然而香格农指出,亚诺玛米人对周围其他族群的攻击,往往是为了扩张领土[18]。

接下来对有关战争导致的死亡人数和人口关系稍作分析。根据笔者已收集的资料,有几个"未开社会"和亚诺玛米族一样,男性战死的比率非常高。例如,居住在亚马孙流域上游的吉瓦罗人(Jivaro)60% 的成年男性和 27% 的女性因战争死亡。新几内亚的湄恩加人(Mae Enga)35% 的成年男性、杜古姆达尼人(Dugum Dani)29% 的成年男性都同样死于战争。根据推测,湄恩加人每年战死人数占总人口的 0.3%,杜古姆达尼人是

0.5%。尽管这一数值直观上看似较低，但它与在历史上遭受两次世界大战重创的德国的统计数据相比却是非常接近，德国战死人口占总人口的0.16%。这一发现说明，"即便是在那些以仪式性和竞技性为特征的'未开社会'中，战争所造成的死亡比例亦能在其人口结构中占据显著地位，进而对整体社会结构产生深远且严重的影响"[19]。

事实上，很多人类学家反驳了香格农所提出的有关亚诺玛米族非常暴力的观点，以及他提出的"与我们同时代的祖先"的观点。如前所述的弗格森就是反驳香格农的学者之一，弗格森以批判的角度分析了香格农的民族志，并且他认为这些"未开社会"与外部世界直接接触的数十年前就已经拥有了铁制的斧头、渔钩、火柴等现代工业产品。在围绕交易路线的冲突中，社会已被重构，暴力冲突已是社会生活的日常现象之一[20]。不可否认的是，新的交易物品的流入可能导致冲突的激化。然而，所有与战争有关的观念和行为都是在与外部社会接触之后被创造出来的。这种假设并不能证明与外部社会接触之前的亚诺玛米族处于和平的社会，因此也并无说服力。

第二节 "未开社会"战争的自然发展

本节将从历史发展的角度考察"未开社会"的战争民族志。众所周知，某一社会内部持续性的战争现象，往往是在内外部因素的交织作用下，展现出的一种共时性的动态变化过程。以下通过两个"未开社会"的案例，我们将探讨这些社会如何凭借内在的发展潜力，在军事领域实现了显著超越后，进而拥有了真正的战争能力。这两个社会的军事案例与近代欧洲社会的直接接触或外部力量无关，而是通过其自身的文化、技术及社会组织结构的内在演变，最后得到了显著的发展。第一个案例是前文中已有提及的南非祖鲁人社会。

一、祖鲁人

祖鲁族的原名叫乌古尼族（Nguni），是一个非常小的族群，他们以养牛和农耕维持生计。在这个族群中，19世纪初期出现了一位杰出的领袖名叫沙卡（Shaka）。祖鲁人在沙卡的领导下，短期内从一个松散的酋长国发展成一个中央集权且强大的军事国家，这在非洲的历史和军事史上都是值得大书特书的。祖鲁人在 19 世纪 30 年代与非洲"波亚"人发生战争，1879 年又与英国人发生战争，其英勇和战斗能力在欧洲广为人知。特别是伊桑德尔瓦纳战役（Battle of Isandlwana），是大英帝国出征史上最大的耻辱，使英国人在脑海中留下了"祖鲁战士"的深刻印象。对非洲人而言，伟大的沙卡王和祖鲁王国也是过去荣耀的象征。当然，有关祖鲁族的研究目前仍然活跃。

在沙卡王执政（约 1816 年至 1828 年）期间发生的军事变革，其关键在于"创造了一种名叫'联队'的军事组织和全新的战斗方法"[21]。在沙卡王之前，战士们在各地聚集参加战斗，战斗结束后就带着战利品（牛）一起回各自村落，他们只忠诚自己所属的村落。后来在沙卡王不断扩大整个祖鲁族领地的同时，把十几岁左右的青年组织成一个集团，并以此为单位组建了战士军团。这个年龄段的青年人组建的集团在祖鲁语中叫作"伊布特"，欧洲人称其为"联队"（regiment）。由数百名至一千名战士组建的联队共同生活在同一个兵营里，他们有统一的名称、盾牌的颜色和花纹、羽毛装饰和毛皮服装。整个联队的队长由国王直接任命，队长由王室内部成员或其他有能力的首领担任。国王的宫殿里设有多个联队兵营，其他兵营设在王国全境的各战略要冲。兵营的构造基本上如同非洲牧民的村落，兵营中央的空间用小屋围成椭圆形，周围有实木栅栏，国王的牛群在紧靠小屋的栅栏内。兵营也是国王巡访时的宿舍，这些兵营由王室里的女性管理并担任负责人。兵营在祖鲁语中叫作

"伊库汉达"（ikhanda），其字面意思为"头"，正如字面所示，兵营是国王统治机构的核心。沙卡王在位期间组建了15个联队，约有1.4万人，这就是以沙卡为最高统帅的常备军。像现代国家的军队一样，祖鲁人的联队也有阶层结构，最小的单位是由50—100名来自同一个村落的战士组成的"中队"（iuiyo），几个中队组合成一个"大队"（isigaba）。大队是两个最大部队的下属单位，即与王室关系很近的伊西加巴亚·耶克夫尔（isibaya esikhulu）和其下属的乌弗朗格迪（uhlangothi）。成立联队前，青年战士必须经过见习期，他们需要离开村落并长期在兵营里生活。虽然在他们联队成立之后可以回家，但是接到国王的命令时就需迅速回到所属联队的兵营集合。战士们在兵营期间需要看管国王的牛群并耕种国王的田地。国王则宰杀牲口来招待战士，并以牛作为奖赏送给优秀的战士。战士们手持短矛和盾牌齐唱展示英勇的歌曲并跳舞，这也是兵营里生活中最重要的一部分。此举也有练兵的意义，因为这种舞蹈通过集体组成队列，以模拟攻击的方式进行。兵营里的生活除了让战士们产生对国王的忠诚心以外，还能在相互之间建立坚固的羁绊关系。战士们在兵营里服役十几年后，直到30岁以后才会被国王允许结婚。然而，他们只有在所属联队获得有力的战功后才能结婚。国王让同龄的女性也组建"联队"，被允许结婚的男性战士只能与国王组建的联队里的女性结婚。"国王所宠爱且富裕的战士（有战功的男性）在结婚竞争中具有优势"[22]。

战士在出征前祈祷祖灵保佑，他们携带护身符和诅咒药才可以上战场。他们认为，杀死敌人后为了保护自己免受恶果的影响，所以要切开死去敌人的肚子以释放死者的灵魂，并且把死者身上的东西都拿走才能清除精神上的污秽。英国人在伊桑德尔瓦纳战败后，发现很多死在战场上的英国军人的肚子被切开，身上的衣服也被扒掉，这在英国人的脑海中留下了祖鲁人野蛮和残虐的印象。要是在战场上杀过敌人，祖鲁人还要进行其他净化自身的仪式，他们认为死尸身上的污秽可能会传染给家人。净化和强化战士的仪式非常重要，并且与国王主持国家的礼仪仪式同等重要。国家最重要的礼仪仪式叫圣之绳（inkatha），此仪式是为了祈祷国家的安宁和繁荣。这种礼仪仪式过去是由各个首领主持的，据说沙卡王将这些礼仪仪式合并作为国家仪式①。以下将阐述关于武器和战术的改革过程。

在沙卡王统治之前，祖鲁人的主要武器是长柄的小枪头标枪，这种标枪后来被改成短柄大枪头的刺枪，之前的椰圆形牛皮盾也被改成大型盾牌。在战场上，军团以左右两翼为"角"，中央主力部队为"胸"，后方的预备部队为"腰"的方式展开攻击。"以标枪和牛皮盾牌武装的主力部队以密集阵形接近敌方，左右两边的游击部队位于敌人的侧面，祖鲁族的战术是以

---

① Ibid:152-155；Efgerton 1988:43-44. 圣之绳（因卡塔）礼仪在与英国的战争中祖鲁战败后被禁止，目前"因卡塔"是祖鲁最核心的政党之名。

一种包围的方式歼灭敌人"[23]。这种新式的战术和武器的变革实际上是一种军事革命。祖鲁族联队的战士们拥有统一的服装、统一的盾牌颜色和花纹、统一的战争经历和夸耀武勇的歌曲与舞蹈，可以说他们是拥有很强的集体认同的共同体。在此意义上，祖鲁人的联队与现代国家军队的联队是一样的。沙卡王的军团攻击邻近其他族群，在扩大自己领域的同时，吸收那些被他们打败的人以扩建军团。这种以氏族为基础的无国家社会，在短期内发展成以多民族集团的中央集权制国家。当然，"虽然在与葡萄牙人、南非白人、英国人接触之后相互建立的交易关系（祖鲁人获得大量的枪支）刺激了他们，但是军事革命和中央集权制国家的形成是其自身发展的结果"[24]。这样一种跨越式发展与18世纪末发生的经济危机有关系。当时人口的大量增长导致他们赖以生存的牧草地和农耕地不足，再加上19世纪初遭遇了严重的旱灾。这种危机被认为是"政治权利的集权化和扩大领地的背景"[25]。另外，联队战士的晚婚又抑制了人口的过快增长。军事国家祖鲁王国的诞生及其领地扩张不仅引发了其周围地区混乱的民族运动，同时也影响了更大的地域，包括现在的坦桑尼亚、赞比亚、莫桑比克等非洲东南地区等。"这些地区受战争的影响破坏了原有的社会组织，形成了很多类似祖鲁王国的酋长制国家"[26]。

19世纪东非的一些畜牧社会虽然不像祖鲁族一样著名，但也在军事上得到了超越性的发展。这些畜牧社会依然是没有中央集权化的无国家社会。他们属于高度细分的父系社会,以各自所属的集团为单位,形成了由长老、青年、少年等组成的年龄阶级制社会。在这种社会中,男性长老们控制着整个社会的基本生存资源,即女性和牲畜,并拥有诅咒和祝福等能力。在此意义上,东非的畜牧社会可称得上是"由长老支配制"社会。青年阶级由无数个"年龄组"构成,同龄人之间组成一个年龄组,随着年龄的增长,他们的阶级会从青年上升至长老。青年时代是锻炼和展示勇敢与美丽的时代,可以说是人一生中最华丽的时间,当地的多数青年人的理想是拥有更多的牲畜并且经营大家族。虽然,祖鲁的青年联队战士们在国王的牛圈(兵营)中共同生活,经常过着军事化的生活,但这些东非畜牧社会中的青年人也会离开村落去牧场生活,他们用羽毛或人体彩绘的方式装饰自己,即兴歌舞。另外,年龄组也是掠夺牲畜和袭击敌人的主要力量。虽然他们在战术方面有了很大的发展,但是没有完善的指挥系统。掠夺和袭击行为并不只是为了整个民族集团的名誉和利益,这种行为也是为了个人和所属集团的名誉和利益。进入 19 世纪之后,在一些社会中出现了不少预言家和占卜师,他们利用传统的年龄组编制了新的中央集权制的军事组织。下面根据历史学家约翰·兰菲亚的研究,对马赛人(Maasai)、图尔卡纳人(Turkana)、耶族人(Jie)等三个社会的具体案例进行分析。

二、马赛人、图尔卡纳人、耶族人

19世纪初期，在东尼罗河流域居住的以养牛为生的马赛人的社会中出现了一个名叫莱本（Laibon）的伟大预言家，他跨越了数个地区并获得了整个莫兰（青年战士）的指挥权，他们为了扩张南边的领土和掠夺其他部落的牛发动了战争。在此之前，马赛人过着自律生活，族群之间即使偶尔相互袭击，也并不会跨越领土进行政治性和军事性活动。在19世纪后半期，预言家授予战士护身符并诅咒敌人，他们以吸收敌人和驱散敌人两种方式极速扩张了领土。预言家统一了十几个地区，作为联盟共同体的领导者，他掌握了主权并拥有大量的牛群，还掌握了举行宗教礼仪的权力。预言家虽然利用年龄组动员了青年人，但是他忽略了长老的权力。总之，直到19世纪末期，用大型的椭圆形盾牌和短矛武装的马赛人，是肯尼亚和坦桑尼亚之间广阔的热带草原上最强的军团。

在乌干达东北部居住的耶族人和在肯尼亚西北部居住的图尔卡纳人，和马赛人一样，是东尼罗河流域的畜牧民。这两个民族都与卡拉莫琼（Karimojong）和托普萨（Toposa）民族集团一起属于阿泰克（Ateker）族群的一部分。图尔卡纳人和耶族人以"世代组"的方式建立年龄组，世代组是由谱系中属于同一个世代的男性所构成的群体，但是其成员的实际年龄是多样的，一个世代组由多个不同的年龄组构成。图尔卡纳人与耶族人一样原本居住在乌干达东北部的高原上，后因人口和土地的压力，从雨水和牧草充足的高原迁徙至东边的干燥地带。19世纪，图尔卡纳人在图尔卡纳湖西岸到南岸的广阔土地上急速扩张，原来的小群体因人口急速增加而发展成一个强大的社会。在此过程中，除了军事性征服以外，还有一个更重要的原因就是经济适应能力。图尔卡纳人不断扩大自己的牛群并引进对干旱荒漠适应力强的骆驼，同时以狩猎、渔业、采集等方式维持生计。图尔卡纳人在扩张自己领土的过程中，在社会空间和结构上属于非中央集权社会。同时他们在不考虑谱系上的世代关系的情况下，根据实际年龄（20岁左右）增加了青年年龄组。这些拥有强烈的共同体认同的同龄人组织经常参加掠夺和袭击活动。19世纪下半叶，图尔卡纳人的军事领导人是名叫艾姆龙（Emuron）的占卜师，由于近邻民族集团的强烈反抗，图尔卡纳人的领土扩张活动暂告一段落。后来又出现了一名叫作洛克利奥（Lokerio）的男性成为他们的军事核心人物，此人经常为参加掠夺活动的青年人举行祝福和净化仪式，而且喜欢以托梦的方式决定攻击目标，并对年龄组进行战术指导。洛克利奥通过控制各地的领袖，确立了他在图尔卡纳的军事主导地位。为了与各地之间取得密切联系，他还建立了通信制度。在洛克利奥的统领下，图尔卡纳重新开始了领土扩张活动。在此过程中，他们除了土地以外还获得了大量的牲畜和女性。参加攻击活动的青年们获得了牲畜，他们将这些牲畜作为资金并且获得了结婚的权利。在此之前，只有长老拥有牲畜，年轻人完全没有结婚的资格。新的军事制度使长老、青年、父子等关系发生了革命性的变化。19世纪末期，英国人以殖民图尔卡纳人为目的，对图尔卡纳人发动了军事攻击，图尔卡纳人的军事组织再次有了新的发展。图尔卡纳人在才能超群的罗雷·阔阔伊（Loolel Kokoi）的领导下，以年龄组为单位招募青年人，用交易所得的步枪武装并组织了"常备军"，该军团一直到20世纪20年代还在与英国人进行武装对抗。

直到19世纪中期，耶族人还是一个小规模的族群。他们饲养牛群并对农业依赖性较强，他们以世代组为单位过着定居的农牧生活，长老拥有绝对性的权力。可以说耶族人是一种典型的由长老统治的社会。在他们的社会中有两个世袭头衔——分别叫作"起火人"（ekeworon）和"战争领袖"（ekapalon kaajore），但是二者只有礼仪性的功能。耶族人根据不同年龄段的人在"战斗领袖"的领导下组成一个部队并且自发地参加战争，但这些"战斗领袖"并没有统一的指挥官。19世纪后半期，耶族人遭到了非常大的危机，他们受到了同属阿泰克族群的邻居卡拉莫琼人、多多斯人（Dodos），以及在西尼罗河流域居住的阿乔利人（Acholi）等族群的共同攻击。面对这样的危机，当时的领袖洛利安（Loriang）对军事组织进行了改革，将"战斗领袖"下属部队组建成了"联队"，并让当地拥有战斗能力的所有男性参加联队。同时，他还让战斗领袖们另外组建部队。耶族人通过组建联队，赢得了抵御外敌的胜利。洛利安确立了对全体耶族人的统治后，用巧妙的外交手段与敌人阿乔利人成功和解。耶族人不仅通过贸易获得了步枪，还派出一支用步枪武装的特殊部队支援阿乔利。此后，耶族人发起进攻并击败了所有敌人，获得了很多战利品（牛），成功扩大了自己的领地。洛利安的外交手段在耶族人的社会内部发挥了很大的作用。他并不是站在年轻人的立场去对抗长老的权威，而是通过赠送礼物的方式去安抚长老们，在得到他们同意之后推动改革。另外，除了建立全新的军队以外，他还根据不同年龄层级建立了具有"民兵"性质的部队。战利品也不只分配给部分人，而是直接平均分配给所有人。耶族人新型的军事组织符合已有的社会组织并得到了很好的发展。

　　19世纪末至20世纪初，英国用军事征服上述社会时，就因当地各民族自身的发展而遭受到了挫折。当我们研究"未开社会"的战争时，这些都是非常重要的案例。用特尼·海格的话说，上述这些社会都已经超越了所谓的"军事地平线"，是拥有"真正的战争"能力的社会，而且，这种跨越式的发展是在短期内实现的。马赛人和图尔卡纳人与祖鲁人之间有非常多的相似点，特别是利用年轻人的不满情绪和攻击性，重新编制年龄组，建立新的军事组织。但是他们之间的不同点也是非常明显的，例如，祖鲁王的权威在社会中占核心的地位，以其统治能力使社会获得繁荣发展。就马赛人的预言家和图尔卡纳人的占卜师的起源、传承以及其存在方式来看，他们属于"异乡人"和"外人"，即他们的权威处于社会组织的外围。另外，在与英国人对峙的过程中，祖鲁人属于拥有国家和军事组织的社会，而其他两者则属于还在发展中的社会。马赛人和图尔卡纳人利用已有的社会组织，站在年轻人的立场上否定了长老的权威，属于激进的改革方式。耶族人的改革方式相对比较缓慢和和谐。"从耶族人的案例中可以明确看出，长老权威和世代组系统依然存在，并以此为基础确立了中央集权制，成立了军事组织。这种不以激进方式改革的社会也可以跨越所谓的军事地平线"[27]。

第三节　动机和原因

"未开社会"到底是为了什么而发动战争的？其原因又是什么？会不会与现代战争之间有着决定性的区别？根据特尼·海格的理论，"未开社会"的战争主要因战士为满足个人的心理和欲望而发生，而现代（文明的、真正的）战争是以集体经济利益和征服敌人为目的的。根据之前探讨过的案例，我们可以看到多数"未开社会"发动战争的原因是为了扩张领土和争夺资源。因此，特尼·海格的理论可以说是比较单纯的结论。然而，不论是"未开社会"还是现代社会中所发生的战争，想要对参与战争的集体和个体层面的动机、原因和结果等加以区别并非易事，同时定义这种动机和原因也是非常困难的。以下内容将探讨"未开社会"的战争动机和原因。

对于参战的人而言，获得名誉和威信是非常普遍的一种动机，而且，在对战士的精神气质赋予很高价值的社会中，这种动机十分显著。人们用歌谣和诗句去记忆和传承他们辉煌的战绩。另外，也有战士会在身上刻意留下伤痕或刺青作为杀敌的标记。他们切除敌人尸体的部分后带回去作为胜利纪念品的做法也是参战动机的一种表现。在新几内亚、埃塞俄比亚、美洲和非洲等地，有将敌人的脖子和头骨作为纪念品的传统。在北美洲，很多原住民将敌人的头皮作为纪念品。非洲东北部的库斯特人（Cushitic）把敌人的生殖器作为战争的纪念品。他们认为将敌人尸体的某个部位作为战争纪念品的做法是对敌人的一种侮辱，也是一种夺取敌人体内的能量的行为。他们为了侮辱敌人和避免敌人灵魂的影响，往往会伤害敌人的尸体。如上所述，"南非的祖鲁人为了避免受到敌人灵魂的影响，会在杀敌后切开尸体的腹部"[28]。这个问题与战争和狩猎的连续性有关。南苏丹的帕里人在狩猎时，射中猎物后将其右耳作为纪念品切割带走。"而乌干达北部的兰戈人（Lango）为了避免灵魂的负面影响，会割开猎物的鼻子解放灵魂"[29]。正如现代人在狩猎后也会将猎物的部分或全部作为纪念品一样，对于胜利纪念品而言，现代社会和"未开社会"之间并没有绝对的区别。"在越南战争中，一些美国士兵将敌人的耳朵作为纪念品带在身上，这种过度伤害敌人或切除尸体的部分作为纪念品的行为虽然在道德上不会被认可，但它仍然发生在世界各地"[30]。战利品作为个人参战的动机，是一种普遍的现象。畜牧社会中的牲畜和农耕社会中的农产物是被掠夺的对象。此外，还有人类本身也是重要的战利品，尤其是女性和孩子。一般来说，俘虏被置于一种从属地位，从事各种劳作，但是在非洲东部等一些地方，俘虏被视为家庭成员并且被当地社会所接受。在现代战争中，虽然很早就严禁士兵掠夺战利品，然而直到19世纪末，英国和法国军队在海外作战时经常从战败者那里公然掠夺财产。

接下来将分析集团层面的动机和目的。奥特宾比较研究了36个无国家社会与10个国家社会的样本，发现在无国家社会的样本中，掠夺战利品以及复仇（或防卫行为）构成了战争的主要动机。在两个不同形态的社会中，获取战争胜利的纪念品与名誉的动机各占了44%（每个社会中战争的动机与目的均展现出多样化的特征）。相比之下，"在国家社会范畴内，掠夺战利品、征服敌人以及征收纳贡等行为共同构成了主要的战争动机，各自占比均超过70%。同时，获得战争胜利的纪念品与名誉的动机约占40%，复仇或防卫的动机则仅占20%。此外，在无国家社会中，土地争夺作为战争动机的比率较低，不足20%，而在国家社会中，则上升至30%"[31]。这种比较研究经常会存在抽样调查和资料的理解等各种问题，但作为国家社会和无国家社会非常大的区别之一，是"在没有国家的社会中以征服敌人为目的而发生的战争非常少，他们除了国家政治体系不完善外，并不存在以军事力量征服敌人并将其纳入社会阶层中以及以纳贡的形式获取他们的钱财和劳动力的体制"[32]。另外，从奥特宾的比较研究中还可以看出，在无国家社会中同样也会为了经济目的，即为了获得战利品和土地而发生战争。这种动机和目的不仅对个人而言是重要的，对集团而言也同样非常重要，但这就导致很难严格区分其属于个体层面的还是属于集团层面的。因为，在战争中获得的物品和资源会在社会集团中进行重新分配，而且这种分配往往不会以个体为单位，个体偶尔才会有使用权。狩猎采集和渔业的范围、牧场牲畜的饮水地、农业用地等都是战争争夺的主要对象，而土地所具有的意义，因社会生计方式的不同而存在差异。从生态学和功能主义的角度看，为了保持人口和环境的平衡，战争往往以经济利益为主要目的。马尔萨斯主义视角下的分析框架，在奥特宾的著作中得到了具体案例的支撑，其中包括新几内亚高地的农民、东非与南非地区的畜牧民和半农半牧型社会，这些案例共同揭示了战争与经济动因之间错综复杂的内在联系。

事实上，随着人口数量的增加，有因为争夺生存中不可缺少的资源而发生的冲突，进而发展成战争的案例，这些案例即使不用社会科学的理论去分析，通过社会常识也可以理解。然而，无论如何分析和理解，其原因和结果一定是相同的。也就是说，人口数量的增加，以及自然资源的缺少等社会矛盾并不一定会导致战争的发生。例如，有学者在分析了87个"未开社会"的样本后发现，人口密度与战争频率之间并没有关联。"其结果显示1平方英里的人口密度为0.2以下的社会和100人以上的社会会以同样的频率发生战争"[33]。当然，只提取人口密度而无视生计方式和邻近社会之间的关系本身就存在方法论上的问题，但这种比较研究可以表明，人口密度大并不是发生战争的必要条件。

文献来源

1. Vayda 1968.
2. Ewers 1976.
3. Ibid: chaps.1-2.
4. Ibid: chaps.3.
5. Ibid: 39，96-97.
6. Ibid: chaps.7. 以下内容也引于同页。
7. Ibid: chaps.12-17；Lecey 1995:76-83.
8. Vayda 1976:9-12. 以下内容为 Vayda(1976:12-42) 的概括。
9. Ibid；ヴァイダ 1977。
10. Rappaport, R., *Pigs for Ancestors: Ritual in the Ecology of a New Guinea People*, New Haven: Yale University Press,1968.
11. 以下内容出自 Chagnon（1983）及其概述シャグノン（1977）。
12. Chagnon 1983:95；シャグノン 1977:205-209，214-216.
13. シャグノン　1977:214-218.
14. Chagnon 1983:1-3. シャグノン（1977:244-251）还有 1951 以后发生的事情。
15. Chagnon 1983：chaps.5.
16. Ibid:164-171.
17. Ibid:171-177；シャグノン 1977:219-227。
18. シャグノン 1977:187-190；228-231；256-257。
19. りヴィングストン　1977：33-36；Keeley 1996:88-94,195-196. ジヴァロ、マエ・エンガ、トゥグム・ダニの資料はそれぞれ、Ross(1984:96)、Meggitt(1977:110-112)、Heider(1970:128) に基づく。
20. Ferguson 1992.
21. Otterbein 1967;Keegan 1994:28-32;Knight 1995:31-35,51-86.
22. Knight 1995:88-90.

23. Ibid:31-32，100-114，192，209。

24. Ibid:35-36；Keegan 1994:31。

25. トンプソン　1998:163-165。

26. トンプソン　1998:169-172；Keegan 1994:31。

27. Ibid:96。

28. Keeley 1996:99-102。

29. 栗本 1988:296。出自 Driberg,J.P.1923.The Lango. London:T. Fisher Unwin.

30. Keeley 1996:102-103。

31. Otterbein 1989:148-149。引用 Keeley（1996:115，199）。

32. Keeley 1996:116。

33. Ibid:118,202。出自 Murdock, G. and S. Wilson,Settlement Patterns and Community Organization: Cross-Cultural Codes,*Ethnology*9:302-330,1972;Ross,M,Political Decision Making and Conflict: Additional Cross-Cultural Codes and Scales, *Ethnology* 22:169-192,1983.

图6 祖鲁战争

图 7 （上）用盾牌躲避冰雹的祖鲁士兵
（下）伊夫林·伍德上校的先遣队正在渡过血河

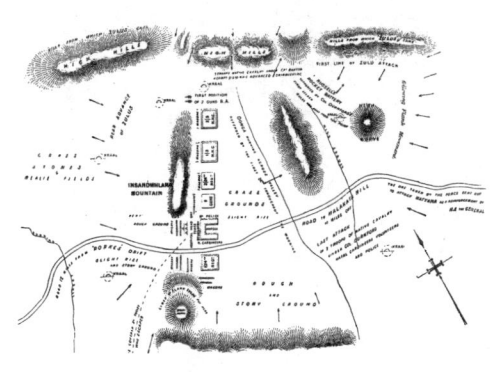

图 8 伊桑德尔瓦纳战役作战计划

第三章

集团的组织与战争之间的关系：战争观的转换

第一节 集团的认同和斗争：美拉尼西亚的案例

研究战争的基本前提之一是要有"战争是破坏行为、是社会病理现象"的认知，这与人们的常识并不冲突。但是，这种理解也可能会给"未开社会"的战争研究带来先入为主的观念，从而阻碍研究的深入。

战争拥有创造性的功能，换句话说，战争拥有建构社会和共同体的作用，这对社会科学领域内的战争研究非常重要。国民国家的意识形态、制度的统一等都在战争时期的国家体制中以最理想的形式出现。本章旨在深入探讨"未开社会"战争背后的一系列复杂议题，聚焦于集团边界的构建与维系机制，以及在这一过程中集团认同的形成、集团间关系的动态变化。分析这些问题是为了鼓励人们重新将战争作为一种社会病理现象来理解。西蒙·哈里森的《战争的面具》(*The Mask of War, 1993*)在这些方面非常具有启发性。这本书是关于在巴布亚新几内亚的塞皮克河流域居住的玛纳姆布人(Manambu)的战争民族志。玛纳姆布人以农耕、渔业、狩猎采集为生，他们居住在赛皮河流域的湿地，当地的沼泽区是湿地渔业非常重要的组成部分。玛纳姆布人的人口总数约为2000人，主要集中在赛皮克河沿岸的三个村落中。其中最大的村落是阿瓦提普村

(Avatip)，约有 1300 人。这些村落展现出高度的政治自我管理能力，主要实行一种族内婚姻制度。"哈里森在这个地方做了近两年的田野调查，村落之间经常会发生使用木棍斗殴事件，但是他们禁止以杀人为目的的斗殴行为"[1]。在 1945 年之前，玛纳姆布人与邻近的其他民族集团之间经常发生战争，他们砍敌人的头还吃人肉。但在哈里森调查期间，没有发生战争。然而，族群内以提高男性的攻击性等为由，相互之间经常象征性地发生暴力冲突，而这并不是说玛纳姆布人天生就是攻击性强的民族。男性初次参加袭击其他部落的行动时，需要借助特殊的咒语，才能习惯经常杀人和攻击敌人的行为。只要咒语的期限未到，人们就会继续进行攻击，并不会追究其责任。在这种特殊的状态下，"不管是敌人还是家人都有可能会被攻击，因此非常危险，当袭击事件结束之后才会进行解咒的仪式"[2]。

对于阿瓦提普村而言，他们最大的敌人是在附近伊玛图尔（Imatul）西部的嘉潘岱村（Japandai）。这两个村落之间发生战斗时，双方用大型的独木舟组成的船队展开厮杀。当双方船队相遇时，往往会询问敌方的名字和其父亲的名字，试探其是否继承了祖先的战斗精神，其用意在于挑衅和试探。这种战斗对他们而言，也是一种获得名誉和证明自己英勇的机会。战斗期间他们不会使用弓箭，而是使用标枪或竹矛等轻型武器进行近战。一艘独木舟上可乘坐 20 人左右，船头站着手持长桨的男人，他需要在枪林弹雨中露出身体并操纵独木舟，"船尾负责掌舵的男人要把船头指向敌人,其工作同样需要技能和勇气"[3]。玛纳姆布人与敌人之间并不是没有和平的日常关系,两者之间是有共同图腾崇拜的族群关系,因此相互之间都是熟人。在这些地方,普遍有一种超越民族集团的族群关系,而拥有相同图腾崇拜的族群被视为有亲属关系。例如,玛纳姆布的尼亚维(Nyawi)族群和伊玛图尔的胞族尼奥维(Nyowe)之间是亲属关系,两者都是崇拜太阳图腾的族群。"民族集团之间的资源交易也是基于这种族群间的关系而进行的"[4]。玛纳姆布人与其他族群的战争对于个体而言是有关男性名誉和英勇表现的活动,对于集体而言战争就是争夺土地和鱼塘等经济资源的行为。民族集团之间跨越式的关系并不会起到缓和战争的作用,相反,这种亲属和交易的关系越深,冲突就会越激烈越深刻。换句话说,对于玛纳姆布人而言,他们的敌人是"相互了解并有怨气的敌人"[5]。哈里森指出,在美拉尼西亚的社会中族群关系并不是先验性的存在,而是基于集团关系而创造出来的维持稳定的关系,交易和战争是这种关系的两个侧面。因为,"他们的攻击对象并不是社会距离较远的族群,而是通过交易和婚姻建立起来拥有亲密关系的族群"[6]。对于当地社会而言,并不是缺少社会秩序,相反,在共同体内部和共同体相互之间维持和平社会关系无疑具有重要意义。然而,"为了形成明确的族群边界,有必要破坏这种社会关系"[7]。

在有关战争或战争的礼仪伦理方面,人们为了建构族群共同体的政治认同而使用一些与其相对应的手段。"他们倾向于利用宗教的权威性与影响力作为催化剂,推动战争行为的形成。在村落之间,并非缺乏规范体系,相反,这些社群往往构建了明确的政治规范框架。然而,为了突破既有的政治规范的束缚,某些集团通过集体行动的方式,深刻意识到自身所属政治实体的本质与界限,从而采取相应策略以挑战或重塑既有秩序"[8]。在"战争是政治集团之间有组织的武装冲突"这种定义中,我们可以非常清楚地看到,战争人类学研究的前提存在集团的先验性,而哈里森的研究意义在于推翻了这种前提。另外,他认为战争与和平是一个硬币的两面,提出全新的敌人形象,即所谓的"有脾气的敌人",他还认为战争是创造集团认同的一种手段。可以说,《战争的面具》一书极大地扩展了有关"未开社会"战争研究的视野[9]。

第二节　从美拉尼西亚到非洲东北部：年龄组和战争

起初笔者对哈里森的研究感兴趣是因为，他的研究可以提供更多苏丹东南部的民族志材料。他的调查案例让笔者了解到集团之间的关系、集团的认同及战争三者的关系。哈里森还认为整个美拉尼西亚都可能是一样的情况。例如，第二章的第一节中提到的马林人和亚诺玛米人可能与玛纳姆布人一样，他们与敌人之间存在通婚和交易等各种纽带关系。哈里森的案例揭示了社会领域中一种独特的动态现象，即社会在特定时间框架内，无论是同步进行还是周期循环，和平与敌对关系都展现出交织的特性。玛纳姆布人反对超越集团的族群认同关系，而族群共有的宗教信仰在培养男性的攻击性方面起到了非常重要的作用。宗教组织是在年龄组的基础上建立的，年长组和年少组之间关系紧张，这种关系有时以棍棒战（stick-fight）的方式表现出来。有趣的是，"这种男性的宗教组织和苏丹东南部的诸民族集团中的年龄组非常相似"[10]。

最初关注哈里森研究的适用性的是英国人类学家大卫·塔顿，他的主要研究对象是埃塞俄比亚西南部奥莫河下游区域的族群。奥莫河下游区域是整个非洲大陆国家中发展最缓慢、近代文明渗透最低的区域。此区域居住的畜牧民或半农半牧民，民族集团之间常年持续战斗，苏尔马系（Suemic）的牧民穆尔西族（Mursi）就是其中一个民族集团。塔顿引用哈里森的研究并指出，关系密切的民族集团内部成员之间和集团之间经常发生战斗，而这种斗争与穆尔西族的集团认同、民族集团之间的斗争，以及穆尔西族社会内部的礼仪性争斗之间有着密不可分的联系[11]。研究穆尔西的邻居，即其敌人博迪部落（Bodi）的福井也提出了同样的观点[12]。奥莫河下游区域的东南部是苏丹，西边是白尼罗河，南边的乌干达边境的山岳地带区域居住着西尼罗河系、东尼罗河系、苏马尔系、苏丹系（Sudanic）等民族集团。这些不同的民族集团展现出一种超越语言界限及民族集团边界的共性，即存在着一种相似的阶梯式的年龄组。这种年龄组作为某种共鸣现象，"是在集团双方的战争与和平关系中发展起来的，同时它也是维持这种关系的某种制度"[13]。

笔者以当地民族集团之一的帕里人（Pari）作为研究对象并进行了详细的田野调查。萨瓦纳平原的利普尔（Lipul）岩山脚下的六个村落是帕里人的聚居地。利普尔山周围大约4公里以内居住着1.1万人，最小的村落约有800人。在最大的村落里，房屋排列较密集并且居住着约3600人。帕里社会具有分解性结构，村落是具有政治自律性的分解单位，一个村落又可以分成多个氏族集团。在帕里人的社会中有三个不同的年龄阶层，分别是阿沃佩（awope 青年人）、莫乔米奇（mojomiji 壮年）、奇东格（cidonge 长老），这是由年龄组（lange）形成的同龄集团[1]。这种年龄组以村落为单位,各村的具体名称不一样。所有六个村落的同龄人组成一个年龄组[2]。其中"莫乔米奇"由壮年阶层组成,并且拥有掌控整个帕里的政治权力,他们通常需要合议并做出决定后才能执行其权力。莫乔米奇是具有集体性的政府组织,他们的主要功能是对抗外敌,并保持共同体内部的秩序稳定,换句话说,莫乔米奇拥有主宰帕里社会的权力。帕里人会随着年龄的增长而上升到不同的年龄阶层或年龄组中,莫乔米奇每10年交替一次。即莫乔米奇的成员在10年后必须要引退并上升至长老阶层,而青年人则上升到新的莫乔米奇年龄组中。帕里社会中最大的礼仪活动也会在政权交替的时候举行。帕里人在少年时,同龄人就经常在一起跳舞、吃饭、干活、狩猎、玩耍,通过这些共同的活动,他们相互之间建立起强烈的认同关系。年龄组集会和休息的场所叫作巴里(bali),少年们的巴里往往建在村外,而随着年龄的增长,巴里也会迁到村落中心。到莫乔米奇阶段时,他们的活动场所也会逐渐移到位于村落中心的被栅栏围起来的巴里当中。对于青年人的年龄组而言,巴里是锻炼身体和增强勇气的地方。少年时期,他们在巴里中进行跑步、摔跤、狩猎游戏等比赛。他们在10岁左右时,就必须要扛着短矛去参加打猎活动。年龄集团的狩猎

---

[1] 有关帕里社会的年龄组方面详细的内容,参见 Kurimoto 1995。

[2] "年龄组"是笔者为了与"年龄集团"进行区分而起的名称,在帕里语中并没有年龄集团和年龄组的区别,两者都被称为"兰戈"(Lange)。

活动与其说是为了获得食物，不如说是一种锻炼身体和展示英勇的行为。在荒野上接近猎物用标枪打猎，这种行为本身就需要极大的体力和勇气，更不用说猎物都是大象、野牛、狮子、豹子等大型猛兽。

另外，棍棒战（stick-fight）也是年龄集团中一种非常重要的活动。为了解决村落内部和村落之间琐碎的争吵和冲突，双方集团会以木棍为武器进行战斗。虽然这种行为是竞技性和礼仪性的战斗，但偶尔出现的死伤情况也会使之升级为村落之间的战斗。当年轻人在此过程中获得一些与自己英勇表现相匹配的称号时，他们会朗诵赞美的诗句。"这对胆小者而言是最大的耻辱。通过这种方式，年龄集团与战士密不可分地结合在一起"[14]。这种传统与上述非洲诸多社会的案例之间有共通之处。虽然在年龄集团或村落之间经常会发生暴力冲突，但并不允许使用短矛进行战斗。相反，当他们受到外侵或攻击时，六个村落的男性都会迅速聚集并带着短矛进行反击和报复。这种对敌人的反击在帕里语中叫做"乌杜尔"（uduru），帕里人被攻击的行为叫做"马尼"（many）。此时的战斗队形往往以年龄组为单位展开，作为莫乔米奇和身体健壮的长老是主力军并且位于队形中央，20—30岁之间的青年人作为前锋分别位于队形的左翼和右翼，10岁左右的少年则在后方待命，他们担任预备部队，同时还负责送水或乘机掠取牲畜等任务。他们往往会包围敌人、烧毁村落，并掠夺他们的牲畜。这种战斗队形与如上所述的纳里姆人和祖鲁人的战斗队形基本上一样。笔者在调研过程中也注意到，与帕里的阶层式年龄组非常相似的组织在其周围的其他民族集团中也存在。例如，东尼罗河系的洛图索人（Lotuho）、洛比特人（Lopit）、洛库亚人（Lokoya）、苏丹系的鲁鲁博人（Lulubo）、苏马尔系的特尼特人（Tenet），以及西尼罗河系的阿乔利人（Acholi）等都有发达的年龄组制度。不仅他们的组织结构相似，而且包括与年龄组有关的各种名称，如年龄组和壮年阶层的各种名称都一样。另外，在白尼罗河畔居住的帕里人（Bari）虽然并没有阶层式年龄组，但他们的年龄组的很多名称也与其他民族集团基本相同。帕里的年龄组中使用的语言很多都出自洛图索语。比如，表示壮年阶层的"莫乔米奇"一词来源于洛图索语中表示"村落的父亲"的"莫尼奥米奇"（monyomiji）。除此之外，与帕里人是同族的希卢克人（shilluk）和安尼瓦人（Anywaa）的社会中也有年龄组，但他们并没有与政治权力相关的年龄阶层。帕里人口头传承的年龄组，后来因受到洛比特人的影响变成了现在的阶层式年龄组。因此，帕里的年龄组是借用于洛图索人和洛比特人的假设也是成立的。然而，当我们进一步再扩大比较的范围时，又发现并不能单纯地认为阶层式年龄组是由洛图索人和洛比特人传播到周边地区的。比如，与洛图索和洛比特人同族的洛库亚人模仿的是帕里的年龄组体系，而鲁鲁博人又是模仿洛库亚人的年龄组体系，他们的年龄组体系完全一样。反过来再回顾这些民族集团的近百年历史时，可以发现这种相互影响的关系一直在发生变化。

在分析上述这些问题的基础上，将同一时期在该地区进行过调查的荷兰人类学家西蒙·西蒙斯的资料与笔者的资料进行对比和讨论，是一件既有益又刺激的事情。西蒙斯于1992年至1993年间作为国立民族学博物馆的客座教授在日本待了整整一年。其间经过深入的讨论，最终在1995年于国立民族学博物馆内召开了关于东非年龄组的国际研讨会①。有近十篇论文作为研讨会成果收录在《非洲东北部的冲突、年龄与权力》（1998）一书中，此书正是笔者与西蒙斯共同编著后出版的。从田野调查到形成论文集前后整整花了15年的时间。在这本著作中，笔者所阐述和分析的内容主要体现在以下几个方面[15]。

第一，苏丹东南部的诸民族集团的年龄组，存在一种超越集团边界的共同行为法则。他们不仅知道自己所属年龄组与其他社会的哪个年龄组阶层对应，而且还与该年龄组的成员作为同辈进行交往。当他们访问其他村落时，可以去寻求当地同辈年龄组提供保障，他们相互之间往往会提供饮食、住宿和保障安全。另外，在不同社会中也以相同的周期进行政治权力的交接，这也是作为共同的法则支撑年龄组的原因之一。在此意义上，年龄组体系给他们的社会提供了一种超越"支民族"集团

---

① 第19届谷口民族学研讨会暨"东非的年龄组——其变迁和现代性意义"，1995年11月27日至12月4日于国立民族学博物馆内举办。

边界的"元民族"关系框架。然而,在年龄组交替升级的时期,也是村落内部和村落之间发生暴力冲突最多的时期。因为,青年阶层的男性往往以攻击壮年阶层的方式来表现他们出众的勇敢和强大。年龄组并不只是一种体现民族集团之间和平的组织,它也是一种军事组织。民族集团拥有同样的年龄组体系,这意味着他们相互之间也是势均力敌的敌人,这种共同行为法则也适用于敌对关系。

第二,苏丹东南部的民族集团之间有友好、婚姻、交易等超越边界的亲密关系。有些民族集团中的成员往往是从别的民族集团中分离出来的氏族。同时,各民族集团之间又反复进行掠夺和袭击,笔者在田野调查期间也曾目睹过这种行为。在这种特殊的相互关系中,年龄组是作为战争与和平都可以适用的社会法则而发展起来的,这并不是单一地从中心向边缘传播的,而应该是相互调适的共鸣结果。阶层式年龄组和民族之间的关系问题,与哈里森论述的美拉尼西亚的案例相呼应,即战争与和平并不一定是相对立和否定的关系。这也说明我们的民族志研究并不能只停留在对"支民族"集团的研究和分析上,更需要对"元民族"进行考察。然而,以往对非洲东北部的年龄组的研究中忽略了其政治和军事层面的问题。这种研究趋向的源头在埃文斯-普里查德的《努尔人》一书中可以看出,他在《努尔人》的最后部分中对年龄组体系相关的内容进行了补充阐述,他提出"年龄组并没有行政或司法等任何特别的政治功能，也没有委托地方的统治权，我们不认为努尔人的年龄组体系是军事组织"[16]。

第三，在40多年前出版的保罗·巴克斯特和乌里·阿尔马格主编的《年龄、世代、时间》(1978)是那个时代有关年龄组研究的论文集，这本书的绪论中明确指出，年龄组在本质上属于非政治性和非军事性的组织，相反，年龄组承担的是稳定人口增长和构建社会秩序的功能。[17]。事实上，年龄组确实是一种礼仪性的组织体系。在埃塞俄比亚南部和肯尼亚北部居住的奥罗莫族（Oromo）的案例在这方面具有典型性。他们称年龄组为嘎达（gada），整个年龄组的一个周期大约为300年。这种礼仪性年龄组体系非常复杂且精致，其礼仪本身表现的是当地人的世界观[18]。

然而，当以结构功能主义的角度过度强调年龄组的礼仪和秩序时，可能会忽略其动态的一面。《非洲东北部的冲突、年龄和权力》一书中想要论证的是年龄组的政治和军事的侧面，尤其想要论证整个社会内部的两性之间、年长者和年幼者之间、地域边界之间、集团社会之间的敌对关系中的政治和军事的侧面[19]。

第三节　被模仿的军事组织

在战争与和平共生的框架下，确保双方具有稳定的年龄组模式，这在邻近的多个集团社会中，已演绎出一种深刻的社会共鸣现象。此现象并非苏丹东南部社会的独有特征。例如，属于班图族系的松乔人（sonjo），模仿他们的敌人马赛族来组建阶层式年龄组。这两个民族集团之间并不只有战争关系，有时马赛人也会参加松乔人的礼仪仪式。肯尼亚西部的班图族系的蒂里基人（Tiriki）为了村落防御系统，模仿拥有军事性优势的尼罗河南部的泰瑞克人（Terik）的年龄组来组建自己的年龄组。另外，同样属于肯尼亚班图族系的库里亚人（Kuria）和尼罗河南部的吉普赛基斯人（Kipsigis）的年龄组的名称相同，相互之间形成了一种对应关系。乌干达东北部的索人（So）模仿在政治和军事上比较有优势的尼罗河东部的卡拉莫琼人（Karimojong）的年龄组，两者之间的语言和文化特征也有共性。事实上，这种现象并不是两个族群间的共鸣，而是强者吞并弱者的一种现象。然而，索人并没有完全被卡拉莫琼人同化，他们保留了自身的认同，而且对年龄组进行了适当的改良。与此相同的现象在埃塞俄比亚西南部的奥莫河下游地区比较常见。与卡拉莫琼人和托普萨人一样属于阿泰克尔族的乃加汤人（Nyangatom）在这个区域拥有政治和军事上的优势。会说奥莫语（Omotic）的卡拉人（Kara）和说苏玛人语的库古人（Koegu）是农耕民，但他们拥有狩猎民族的强悍性格，他们模仿的是乃加汤人的年龄组。"在库古人的社会内部的年龄组并没有政治或礼仪性的功能，但乃汤加人和库古人之间相互访问时，他们会借宿在相互对应的同辈年龄组家中，相互交换礼品并提供饮食和住宿"[20]。

如上所述，年龄组以模仿和共有的方式跨越语言和民族集团并扩散到周边的各个族群中，可以说是一种"适合模仿"（good to be copied）的习俗[21]。其原因有以下几点。第一，年龄组展现了一种制度化的普遍特征，即蕴含了代际间的层级结构与同代内部的平等互动。第二，部分社会集团出于战略考量，追求"战斗价值的彰显与敌人共存的设定"，这要求他们相较于其他集团需具备更为显著的实力优势，理想状态是双方在政治与军事维度上达到势均力敌，而年龄组以其独特的组织形态恰好契合了这一需求。第三，年龄组亦扮演着促进青年文化表达与社会融入的重要角色，为青年人提供了身体装饰、艺术享受、勇敢与能力展示的平台，以及吸引异性注意的机会。

第三个原因说明了年龄组即使与礼仪、政治、军事等功能没有任何关系也有被模仿的可能性。根据帕里人的口述，他们被因洛比特人年龄组的舞蹈表演所吸引，才模仿他们的习惯。

另外，20世纪初在帕里西边白尼罗河畔居住的曼达里人

(Mandari）模仿了阿托特人（Atuot）的年龄组。"虽然没有政治和军事性功能，但它成了曼达里的年轻人在旱季牧场中与阿托特人和丁卡人的同龄人之间交往的一种工具"[22]。

年龄组因其外在的魅力而被模仿、被共有的现象虽然与本书讨论的军事组织的年龄组相矛盾。但是，往往非常出色的军事组织，恰恰因其华丽的外表和集团的行为而非常容易被模仿。因此，上述内容与本书的论点并不相矛盾。

当"未开社会"与现代国家军队相遇时，也会发生模仿的现象。例如，"帕里的年龄组拥有自己的旗帜，队伍中比较英勇和战斗能力非常强的人也有权拥有自己的旗帜，这被认为是模仿了19世纪末期的马夫迪国家军队①"[23]。此外，帕里的一些男性通常会在自己的手臂上刺上 V 字形作为装饰，这是模仿现代军队的军服上表示军衔的肩章。

殖民统治初期，从南苏丹到乌干达北部，在预言家和占卜师的带领下，开展了类似于货物崇拜的运动。这种运动实际上也是一种抵制殖民统治者的运动。他们拿着仿造枪进行西洋式的练兵训练，并相信未来他们肯定会拥有真枪。另外，在非洲西部加纳的芳蒂人（Fanti）因模仿军事组织而出名。他们居住在几内亚湾沿岸，从 15 世纪末开始在欧洲人和内陆地区的非洲

---

① 马夫迪是指非洲岛国马达加斯加，马夫迪是当地人对于自己国家的别称。马夫迪在马达加斯加语中是"四"的意思，因为马达加斯加岛上有四个大陆板块碰撞形成的，所以被称为"四度空间"。——译者注

人之间充当贸易中介的角色。芳蒂人通过模仿英国的军队，建立了一种以"中队"为单位的军队组织，名叫阿萨夫（Asafo）。这种中队由各小队组成，部队中设立了指挥官，所有士兵装备了老式步枪，也有军旗作为各中队的标志。另外，他们还模仿欧洲的城堡建造了神殿。"阿萨夫人当时作为英国的友军还参加了阿桑特（Asante）王国的战争，目前他们的军队组织已经变成了一种礼仪性的组织"[24]。

非洲人的社会中也有上述现象。19世纪前半叶，在南非兴起了强大的祖鲁王国，周边的民族集团为了抵抗祖鲁王国或征服其他民族集团，纷纷模仿祖鲁的"联队"建立起军事组织，并成立了不同的国家。像这种"祖鲁式"的国家，从坦桑尼亚南部到莫桑比克、津巴布韦等地区非常多见。

模仿军事组织在国家和民族集团在军事方面发挥着重要的作用。然而，"这种现象除了单纯地模仿以外会不会存在其他意义呢？模仿英国军队的芳蒂人在1868年就制定宪法并设立总统，同时建立了拥有常备军的近代国家"[25]，这可以说是模仿军事国家的最高境界。在军事领域的竞争与互动中，当一方处于相对弱势地位并面临强大对手时，该方倾向于采取模仿强者的策略以实施自我保护。这一模仿行为不仅旨在减少潜在的威胁，更在深层次上促进了弱者在社会地位上的提升，使之逐步接近乃至获得与强者相当的社会认可与地位。此现象揭示了模仿作为一种策略手段，其背后隐含的是，通过模仿强者，弱者能够在保证生存的同时，积极实现社会地位的变迁。

人类学家保罗·斯托勒是研究西非地区流行的精灵附体——哈卡（Hauka）的专家，他根据迈克尔·塔纽格和沃尔特·本雅明的理论，论述了建立与他者关系的模仿现象[26]。根据他的研究，哈卡与其他多数非洲的精灵附体信仰一样，认为死去的欧洲人的灵魂经常会附体在哈卡身上，哈卡会模仿他们生前的所作所为。为什么征服者和压迫者会附体到哈卡的身上呢？灵媒又为什么要去模仿他们生前的行为呢？如果将精灵附体和战争相提并论的话，那就说明模仿军事组织的行为是一种为了建立敌对关系的方法，战争也并不是为了断绝"我们"与"敌人"的关系，而是为了维系两者关系而发生。从美拉尼西亚到非洲东北部，战争带给当地人的是另一种创造性的影响，这既是一种建立"他者"关系的方法，也是一种建构"自我"的主体性方法。

文献来源

1. Harrison 1993:26,30-31.
2. Ibid.26-28.
3. Harrison 1993:26,39-40.
4. Ibid.39-42.
5. Ibid.63.

6. Ibid.6-21.
7. Ibid.149.
8. Ibid.150.
9. Simonse and Kurimoto 1998:9-10.
10. Harrison 1993:81；Simonse and Kurimoto 1998：8-9.
11. Turton 1992,1994.
12. 福井 1984a。
13. Kurimoto 1998；Simonse and Kurimoto 1998.
14. 栗本 1998a。
15. Kurimoto 1998.
16. エヴォンズ＝プリチャド　1997:421。
17. Baxter and Almagor 1978:5.
18. Legesse 1973.
19. Simonse and Kurimoto 1998：2-3.
20. Kurimoto 1998：47-48.
21. Ibid.48-50.
22. Ibid.49.
23. Kurimoto 1995.
24. Ross 1979；Datta 1972.
25. Fynn 1978:35-36.
26. Stoller 1995:37-41.

图9 埃科韦战役：3月30日清晨，突围临时防御阵地

图10 京金德洛武战役：祖鲁人在4月2日攻入切姆斯福德勋爵的营地

图11 3月29日，切姆斯福德勋爵的纵队从图盖拉河畔的特内多斯要塞拔营，进军埃科韦

图12 前往皮尔逊要塞途中

第四章

"早期反抗":连接过去与现在的抗争轨迹与启示

第一节　关于"早期反抗"的研究

在学术研究的发展过程中,"未开社会"的战争研究已逐步确立了其独特的理论定位,但其学术地位并不能与同时代其他研究热点并驾齐驱。但值得注意的是,历史学家在分析非传统历史结构的过程中,开始发掘并聚焦于非洲的"早期反抗"现象研究。19世纪后半期到20世纪初期是一个分裂与征服的时代,非洲各地发生了各种反抗运动,从自然产生的抵抗到有高度组织的武装斗争等多种形态,其中还包括宗教信仰运动、预言家率领的千年王国运动等。如本书第二章中所论述的祖鲁王国的情况一样,也有一些反殖民运动获得短暂的军事性胜利,但最终所有原住民屈服于殖民者压倒性的势力。非洲原住民的主要武器是短矛和弓箭,虽然也有枪支,但大部分是枪口装弹式的老式步枪。他们所面对的殖民者的军队拥有新式步枪、机关枪,以及野战炮等现代武器。当时西方军队所用的马基希姆和加特林等机关枪是压制非洲军队的主要武器,尤其在20世纪之后有汽车和飞机等现代交通工具后,有些地方还派出了军舰参战。如果非洲人,尤其是埃塞俄比亚帝国和萨摩利(Samori)帝国等拥有现代武器,也许他们跟欧洲人之间的战争会以平手或胜利的结局收场。从欧洲方面来看,非洲人的战败使他们完成了所谓的"平定"(pacification),即确立了以殖民主义为基础的国际和平。例如,对英国人而言,非洲部分地区已属于大英帝国,即大不列颠统治下的一部分。

欧洲的历史学家一直以来都低估了非洲人为了反抗欧洲的殖民统治而发生的战争。他们认为,那是一种巫师和妖术师率领的非理性和低效率的落后的行为。在这种认知背后,是欧洲人认为"未开社会"的人必须选择文明化的道路,或者说在欧洲人的指导下接受殖民统治,因为在本质上非洲人的军事能力与欧洲人相比差太多。他们认为不进行军事反抗并协助殖民地政府的人是爱好和平的、友好的人,而反抗的人被认为是嗜血的野蛮人。"有趣的是,除了实际在当地平定叛乱的军官和军人以外,一些历史学家和研究者公正地评价了非洲人的军事能力,即虽然欧洲最终取得了胜利,但其过程非常艰难"[1]。

然而,"早期反抗"在20世纪60年代才被历史学界承认是一个正当的研究领域。特伦斯·林吉所著的《南罗得西亚的叛乱:1896年—1897》(1967)是最初该领域的里程碑式的研究成果。这部著作详细并动态地分析了南罗得西亚(现在的津巴布韦)的绍纳人(shona)和恩德贝莱人(Ndebele)发起的奇穆伦加(Chimurenga)武装起义、叛乱组织和意识形态、传统灵媒的作用等。20世纪70年代初期陆续出版了以非洲东部和西部为研究对象的《非洲社会和战争》(1972)和《西非的反抗——对殖民地占领的军事反应》(1971)[2]。这两部著作的主要内容之一是非洲各民族集团如何对殖民势力进行军事化反抗、军事组织和实践方法，以及与传统战争之间的关系等。这种"早期反抗"研究的特征之一，是最初以非洲研究者和欧洲研究者的合作研究为基础，这种合作关系发挥了重要的作用。

1985年联合国教科文组织出版的《非洲的历史》第七卷是与"早期反抗"研究相关的重要学术论文集[3]。当然，这种"早期反抗"研究兴起的背后是非洲的民族主义和反殖民主义运动，以及非洲各国的独立等。从事"早期反抗"研究的非洲学者有一种纠正被欧洲人歪曲的自我历史的强烈欲望。另一方面，在马克思主义的影响下，多数欧洲学者以非洲民族主义和反殖民主义的心态支援非洲。在这样的背景下，后文中所述的"早期反抗"研究与"现代解放运动"研究之间存在的关联也就不足为奇了。

"早期反抗"是在非洲的各个地方发生的军事运动。19世纪在西非的内陆地区兴起的图库洛尔（Tukulor）帝国和萨摩利（Samori）帝国，以及位于非洲东北部苏丹的马夫迪（Mahdi）王国等，这些国家拥有以枪械武装的常备军，与法国和英国军队发生过激战。另外，17世纪位于现在的加纳中南部的阿散蒂（Ashanti）王国先后于1824年、1826年以及1873年至1874年与英国军队发生了三次战争。在1824年的战争中，超过10000人的阿散蒂军队击败了英军，使当时的英军总司令官查理·麦卡锡战死在战场上。"阿散蒂王国在1896年被英国占领，但在1900年国内爆发起义，与英军之间再次发生了激烈的战斗"[4]。南非祖鲁王国的案例具有典型性，然而，这些案例仅仅是"早期反抗"的一小部分。

我们在分析"早期反抗"时需要注意的有以下几点内容[5]。第一，反抗的主体并不只是拥有军队的国家，其中还包括酋长制社会和部族社会等，而且有时候与"国家社会"相比，"无国家社会"进行着有效且长期的反抗运动。虽然非洲各国无论如何在战争中都处于不利的状态，但他们的游击战非常有效。这种现象表明了军事能力与社会发展并不一定有直接的关系。第二，特别是对于国家而言，认为反抗一方在政治上坚如磐石是不恰当的。因为，统治者与被统治者之间，以及统治者内部本身也存在着各种利益的差异，这也是造成政治分歧的原因之一。第三，除了反抗者以外，也有很多人与殖民政府合作。欧洲各国能成功征服和分割非洲，是因为那些士兵、民夫、间谍等与殖民者合作的非洲人才得以实现的。反抗者和合作者之间的界限，与民族集团间的划分紧密相连，这一现象不仅构成了民族政治化和军事化进程的重要驱动力之一，其深远影响还跨越了殖民时代，持续渗透并塑造了后续的政治格局与动态。然而，将反抗者视为英雄，合作者视为背叛者或殖民统治者的走狗，是一种过于单纯的观点。换句话说，个体和集体根据情况各自都有其两面性，成为殖民统治者的合作者也是一种选择。因此，为了掌握政治与军事领域的动态演变，对二者进行研究与分析显得尤为重要。事实上，相对于历史学的"早期反抗"研究，人类学直到近年对这方面都并没有太多的关注。在如何理解殖民统治初期非洲人的独立时，由于研究者的研究内容和视角的不同也存在差异，但有时以完全不一样的角度分析可能也会折射出相同的内涵。在下一节的内容中，我们将通过具体案例，继续探讨人类学与历史学在这方面的研究的差距。

第二节 "雅坎"信仰和"麻吉麻吉"运动

本节将对人类学研究中的雅坎（Yakan）信仰和历史学研究中的麻吉麻吉（Maji Maji）运动进行比较分析。

19世纪后半叶，在乌干达西北部地区的卢格巴拉（Lugbara）族群，如同非洲其他地区的民族集团一样，遭遇了深刻的社会动荡与危机。这一时期，全副武装的阿拉伯奴隶贩子自苏丹北方沿尼罗河逆流南下，入侵了乌干达西北部地区，并对该地区实施了破坏性的劫掠，这一行为进一步加深了因苏丹马夫迪政权扩张所引发的地区动荡。与此同时，在卢格巴拉的西部边境，赞德（Zande）与芒贝图（Mangbetu）两大王国的崛起对卢格巴拉构成了直接的领土威胁。此外，以英国和比利时为代表的殖民势力开始逐渐渗透至该地区，企图建立其势力范围。这一外部势力的入侵，不仅改变了卢格巴拉原有的政治生态，也深刻影响了该地区社会经济、文化和宗教结构。加之当时肆虐的饥荒与瘟疫，使整个卢格巴拉社会陷入了前所未有的危机之中。正是在这个复杂多变的历史背景下，1890年至1910年间，一种被称为"雅坎"（Yakan）的外来宗教信仰在卢格巴拉社会中迅速传播开来。

人类学家约翰·米德尔顿所著的《卢格巴拉的宗教》（1960）

中详细阐述了雅坎信仰和当地社会组织，他主要关注的是信仰礼仪和卢格巴拉人的世界观[6]。

　　雅坎信仰最初在1883年南苏丹的丁卡人（Dinka）的社会中出现。这个所谓的"雅坎"（Yakan）信仰的核心是信奉一种圣水，信徒们认为只要饮用了圣水即使中了枪弹也不会死亡。这种圣水信仰是19世纪90年代传到卢格巴拉的，他们北邻的民族集团卡夸族（Kakwa）中有一个叫作莲贝（Rembe）的人，这个人在卢格巴拉买了几个奴隶。1914年以后，莲贝带着自己的这些奴隶来到了卢格巴拉居住，此后圣水信仰在卢格巴拉开始流行。莲贝被视为能传达神灵思想的预言家，他身边聚集了许多信徒。他还建了一个神殿（但这并不是完整的建筑物，只是在地面竖立了一个大柱子），并告诉民众只要信仰这种宗教，即使是政府的警察和军队用枪射击也不会死亡，他还说他能给卢格巴拉带来真正的枪支。他组织信徒们拿着仿造枪进行军事训练（参考上一章被模仿的军事案例）。除此以外，他让信徒们相信，饮用圣水不仅可以防弹，而且可以治疗脑膜炎和西班牙流行性感冒。这些信徒们不分族群，也不分男女，经常在原野露营并进行宗教性歌舞表演。这种宗教信仰打破了原来以族群为单位的社会秩序，建立了一种全新的社会组织。然而，这是一种回到"神创造社会"的神话世界，寻求再生的运动[7]。在1919年至1920年间，信众与地方警察发生了冲突，地方政府镇压了该宗教组织。此后，雅坎信仰的形态又发生了很大的变化，成了精灵信仰的一部分。

在乌干达北部流行雅坎信仰期间，附近的德国殖民地（现在的坦桑尼亚）爆发了20多个民族集团的武力反抗运动。当时德国殖民地的主要经济策略是让非洲农民种植经济作物。其中棉花是最重要的出口商品，但棉花是殖民者通过强迫劳动栽培出来的作物。另外，当地民众对课税的不满等原因使他们反抗情绪高涨。在此背景下，当地社会中出现了预言家，并对民众进行说教。预言家告诉人们，只要非洲人民团结起来抵抗德国人，祖先就会复活来帮助他们。预言家建造神殿，并给群众分发了能防弹的诅咒药水。在当地的斯瓦希里语中"水"叫做"麻吉"，因此这个反抗运动被称为"麻吉麻吉"运动。"尽管德国军队对"麻吉麻吉"运动进行了残酷的镇压，但这种武力反抗运动已经波及坦桑尼亚南部广大的地区，多数民族集团参加运动并持续了整整两年的时间"[8]。最初发起这场运动的是一个名叫金吉基蒂（Kinjikitile）的男性，他以一种超越民族集团的方式，让不同民族集团的人们相信，他们信仰的神灵附体在自己身上，并建造了神殿。这个神殿所在地也成了人们通过金吉基蒂作为媒介与祖先对话，并接受祖先"圣水"的地方。以这个神殿为中心的超民族的信仰，成了发动"麻吉麻吉"运动和团结人们的基础。

在1905年第一次起义后不久，金吉基蒂被政府军抓捕并判处了绞刑。但之后的叛乱反而进一步扩大，参加叛乱的民族集团中除了恩戈尼（Ngoni）王国以外，其余的几乎都是无国家社会的民族集团，他们主要以氏族为单元动员人们参加运动。虽然在不同的民族集团之间也有联络，但他们并没有统一的指挥系统，有部分人拿着老式的枪，但大部分人的武器还是短矛和弓箭。他们通常会组织数百人到2000人共同去包围殖民政府、交易所、移民农场等，有时也会发动伏击战或游击战等。殖民政府则利用自己的武器优势，采取焦土战，荒废他们的村落，使他们挨饿。另外，他们还会威胁或恐吓部分民族集团的领导人，让他们成为政府的合作者，并分裂民众。据推测，在此次叛乱中丧生的本地人包括饥饿致死的人加起来约有25万到30万人。"而殖民政府方面的死者只有15名欧洲人、73名非洲士兵和316名雇佣兵"[9]。

"雅坎"信仰和"麻吉麻吉"运动之间的相似之处是非常明显的，正如米德尔顿所说的那样，"雅坎"信仰是非洲人对阿拉伯奴隶贩子的入侵、瘟疫的流行，以及殖民统治的渗透等的一种不满情绪的表现。在政治上，"雅坎"信仰是反殖民地政府的运动，但也有为了获得枪支建立军事组织的军事性侧面。信众们最终发动了武装起义，宗教核心人物和预言家被政府逮捕并处死。米德尔顿虽然对其他类似"麻吉麻吉"运动等进行了比较研究，但他并没有将"雅坎"信仰视作是"早期反抗"的一种政治活动。他在牛津大学读硕士研究生期间受到了埃文斯－普里查德的指导，在他撰写《卢格巴拉的宗教》期间，正好是结构功能主义盛行的20世纪50年代中期至后半期。因此，他对于"雅坎"信仰的理解可能是受到了当时人类学界理论思潮的影响。

20世纪初乌干达殖民政府不再将"雅坎"信仰看作是单纯的宗教信仰，而认为这是对殖民统治有明确威胁的宗教组织。其主要原因是在1897年的殖民政府军中的苏丹士兵叛乱（Uganda Mutiny）中，"雅坎"信仰发挥了重要的作用，并从根本上动摇了殖民政府[1]。在乌干达的恩特贝有一个保存了很多殖民时期资料的国立图书文献馆，笔者曾经在那里做田野调查的时候，发现了一份很厚的绝密文件，是关于卢格巴拉的"雅坎"信仰方面的内容。从这点可以看出，当局对此非常关心。对于殖民行政官来说，"雅坎"信仰有作为反抗运动的潜力，它真实发生过并起到了重要作用。

虽然大多数人类学家对于"殖民统治"这一政治范畴并没有给予太多的兴趣，但乔治·巴兰迪尔所著的《黑非洲社会的研究——殖民地状况和弥赛亚主义》（1963）是一个例外。在此书中，作者讨论了比利时所属刚果的殖民地状况给非洲人带来的影响，并分析了20世纪20年代在本土化基督教中兴起的弥赛亚主义运动。这个运动虽然没有发展成武装起义，但因其反殖民统治的性质，被当局严厉镇压。巴兰迪尔的视角在当时

---

[1] 米德尔顿对"雅坎"信仰在苏丹士兵的叛乱中发挥的功能方面也有一些论述。Middleton 1960:258；1965:87。

英国和美国人类学界是很少见的，除了他受到马克思主义的影响以外，还有其作为法国人所经历的越南和阿尔及利亚解放战争的影响。

第三节　殖民地的状况和民族志

"早期反抗"到底给民族志的写作和分析带来了哪些影响？这是一个非常有趣的课题。埃文斯－普里查德的《努尔人》是近代民族志中一个标志性的成果。努尔人居住在南苏丹的白尼罗河流域，以饲养牛为主，兼以农耕、捕鱼和采集等维持生计。根据埃文斯－普里查德当时的调查结果显示，当地约有20万人。他在《努尔人》一书中指出，在缺乏中央集权体制或国家形态的社会结构下，当地存在一种独特的社会组织模式。他称这种社会组织模式为"裂变制"，其强调社会秩序并非依赖于自上而下的权力控制，而是通过社会内部各分支间的复杂对立与动态联盟关系网络来维系。此著作对之后的部落社会研究产生了巨大的影响。努尔人在被精灵附身的预言家（guk）的率领下，对英国殖民者进行了顽强的反抗而闻名。埃文斯－普里查德最初是在南苏丹进行桑德人的调查研究，后来转为对努尔人的研究，其背后的原因正是殖民政府迫切需要了解"不顺从的草民"[10]。在他进行田野调查的20世纪30年代也是正在发生"早期反抗"的时期。

当时的殖民政府认为，要想快速平定反抗活动就是除掉他们的预言家领导人。埃文斯－普里查德在做田野调查之前，就确定将努尔人历史上非常有名的预言家恩贡登（Ngundeng，死于 1906 年）和他的儿子预言家古威科（Guek）作为调查对象。预言家恩贡登建造了"金字塔"，"这种圆锥形的'金字塔'是一种高达十几米的巨大建筑物，用石灰、黏土、瓦砾等制成，主要是用来供奉天空精灵登格（Deng）"[11]。殖民政府在 1927 年末动用轰炸机轰炸了这些"金字塔"，并用机关枪扫射周边。1928 年 2 月，殖民政府又派遣工兵队炸毁了"金字塔"。1929 年殖民政府再次派遣军队，追击回到"金字塔"附近的古威科及其追随者，将古威特和他的 30 名追随者射杀。"村落被烧毁，古威特死后被切掉睾丸吊在树上，后来其家属偷偷埋葬了尸体，迄今为止没有'白人'知道古威特所埋葬的具体位置"[12]。埃文斯－普里查德正式进入努尔人的居住地是 20 世纪 30 年代初期，可以非常肯定地说，当时努尔人的处境影响了埃文斯－普里查德的调查研究。

  埃文斯－普里查德在《努尔人》的导论中叙述了对当时该地区调查的情况。虽然内容不多，但很好地反映了当时的情况。当埃文斯－普里查德苦恼努尔人的不合作和语言问题时，他得到了一些当地人的认可，当然这种情况也没有持续很长时间。"一天早晨，政府军队在太阳升起时包围了我们的营地，搜查两名最近在一次叛乱中担任首领的预言家，他们带走了几名人质，并威胁说，如果不把那两个预言家交出来，他们就会抓走更多的人"[13]。"在我走进营地时，我不仅被看成是陌生人，而且还被看成是敌人,他们很少试图掩饰对我在场的反感,拒绝回应我的问候,甚至在我与他们搭话时扭头走开"[14]。

当时这种殖民地的具体状况,到底给埃文斯-普里查德撰写民族志带来了哪些影响呢?事实上,在此之前的旅行家和行政官员都把预言家看作是单纯的巫师或妖术师,但埃文斯-普里查德认为,在外敌侵略和殖民者征服的危机下,他们的社会中产生了极大的裂变,即部族分支跨越边界形成政治上的联盟,而他们会为了对抗外敌选出领导人,使其势力得到扩张。

预言家和殖民政府必然是对立的,因为人们对殖民政府的反感导致预言家的出现,而且这点自然也在预言家身上表现出来了。"这样的论述自然也被行政官员所接受了。关于预言家,在埃文斯-普里查德的民族志中有更贴切的描述并有更深层的认知"[15]。

然而,埃文斯-普里查德也被当时西方对努尔人的刻板印象所束缚,即努尔人在本质上是好战的。当然,他并没有将好战性还原到个人的心理和本能上,但他认为努尔人内部的战斗,以及对丁卡人和政府的攻击行为已经扎根在社会构造中。历史学家约翰·道格拉斯一直试图将努尔人的民族志在殖民地背景下进行历史化(historicise)。"他把相关的各种资料,如民族志、旅行记、殖民地行政文件,包括道格拉斯自己收集的口述资料等进行综合性分析,并论证了努尔人的好战形象,他认为努尔人本质上并不是好战的,这主要与当时的历史背景有很大的关系"[16]。

另外,殖民政府为了保护丁卡人免受努尔人的袭击,强行将两者分开,并且将边界地区作为缓冲地带不让任何人居住。因此,这种民族的边界很有可能是因为殖民统治的需要而被创造出来的。

根据埃文斯－普里查德的叙述,因为殖民政府在努尔人和丁卡人之间制造边界并将两者在物理上进行分离,所以使他无法观察到两者混居和日常和平相处的情况,这给他的民族志带来了很大的影响[17]。约翰·道格拉斯在其相关研究的集大成之作《努尔人的预言家》(1994)中指出,埃文斯－普里查德对预言家的政治和宗教的功能,以及作为和平调解者的功能等方面的评价过低,并过分强调预言家的外来者身份[18]。

如果说埃文斯－普里查德所著的《努尔人》为霍布斯的人性观理论研究做出了贡献,即战争在无国家社会中属于常态。那么,约翰·道格拉斯的批判和反思就非常重要。所以,我们有必要在历史语境中分析"未开社会"的战争民族志,也就是说在"早期反抗"和殖民统治背景下,有必要重新分析"未开社会"的战争问题。

第四节 "早期反抗"和现代社会

如上所述,"早期反抗"的主要背景是非洲民族主义的崛起和旧殖民主义的崩溃,以及非洲各国的独立等。这也是"早期反抗"的一个重要的研究视角,即在"早期反抗"中承认反殖民斗争和民族主义萌芽的诞生,并在历史的连续性中捕捉现代社会运动。当然,过去与现代之间也有脱节的现象。比如,现代社会运动的发动者是由知识分子、农民、矿工、公司职员等新的阶层构成的。虽然这种现象在西方殖民扩张分割时期并不存在,但是我们在分析这种横向的问题时,其纵向的连续性也非常重要。特别是在非洲,口头传承到目前仍然很重要,"早期反抗"的历史一直在传承,已经成了非洲社会共同记忆的一部分。我们知道"早期反抗"并不是发生在远古时代,当时的参与者和经历过的人在四五十年前还随处可见。现在的很多中年人就是听着村里的老人讲述的故事长大的。这种集体记忆为人们提供了准确认识现代社会的内战和武力冲突的依据,而且在一些实际行动中也可以作为参考,即如何持枪战斗或如何逃离战场等。

根据人类学家保罗·斯托勒的研究,在西非的桑海(songhay)王国(今天的马里、尼日尔)流行的一种名叫浩卡

（hauka）的精灵附体信仰中，有详细的关于欧洲人的记叙。对他们而言，支配与被支配之间的关系是根深蒂固的。另外，他们的宗教也象征着独立后的国家权力关系[19]。这种过去与现在相连接的社会记忆并不是浩卡独有的现象。当我们在分析"早期反抗"与现代社会的关系时，过去与现在相连接的社会记忆非常重要，津巴布韦（曾经的南罗得西亚）就是这种典型案例。

南罗得西亚的绍纳人和恩德贝莱人发起的"奇穆伦加"（1896—1903）武装起义是最初的"早期反抗"，这次起义的领袖是名叫斯维基罗（svikiro）的预言家。这些预言家（也有女性预言家）成功地驱除了带来灾难的白人，并对人们传达了神灵和祖先的话（白人的枪不可怕）后发动了起义[20]。20世纪70年代非洲的解放斗争开始后，罗得西亚的预言家和灵媒们再次登上了历史的舞台。他们唤起了"奇穆伦加"组织的集体记忆，让人们相信农民也能参加游击战斗。解放运动组织的人员开始积极地与预言家们合作。最后，游击队和农民们获得了解放斗争的胜利，并于1980年在旧罗得西亚的基础上建立了全新的津巴布韦。人类学家大卫·兰所著的《枪和雨》（1985）是以预言家和抵抗运动关系为主题的民族志，这部著作从"早期反抗"的连续性中捕捉了现代战争，是在特伦斯·林吉等人的历史研究基础上完成的，也是这方面的先驱成果[21]。

虽然"早期反抗"在历史上的连续性非常重要，但是过分强调就会引来"传统主义"的不满。社会在不断地发生变化，

第四章 "早期反抗"：连接过去与现在的抗争轨迹与启示

经历过殖民时代和独立时代的非洲社会，不可能与殖民统治初期的社会相提并论。"在分析这个问题时，可以与津巴布韦的案例相比较的是 20 世纪 80 年代后半期在乌干达北部兴起的圣灵运动（holy spirit movement）"[22]。由阿乔利人（Acholi）的女性灵媒爱丽丝·拉奎纳（Alice Lakwena）领导的这个运动，采取了极其军事化的形态。因为当时政权的崩溃，许多阿乔利官兵们在逃往故乡的过程中参加了圣灵运动，使该运动的影响力急速扩大。在新政府的军队入侵的危机下，爱丽丝·拉奎纳动员了旧政府军 6000 人，并与新政府军作战。在不幸被击败后，整个运动也就彻底瓦解了。雅坎信仰、麻吉麻吉运动、奇穆伦加起义等非洲"早期反抗"的共同点是由灵媒领导人们并给他们分发防弹的诅咒药。从这一点上看，非洲东南地区的政治、宗教等传统可以说是一脉相承的。然而，圣灵运动、雅坎信仰以及麻吉麻吉运动是在完全不同的情况下发生的，它们之间有许多非传统的特征。圣灵运动广泛采用了基督教的术语和教义，虽然是以地方和民族为基础的运动，但它以解放整个非洲为目的，具有普遍主义的意义。圣灵运动的大部分参与者并不是普通的农民，而是原政府军士兵。正因为这个案例存在着与"早期反抗"的连续性和非连续性，所以说在分析现代战争时，乌干达的圣灵运动是一个不可缺少的参考依据。综上"早期反抗"的研究，通过回顾过去引导我们走向了现代。那么，接下来的最后一章将分析非洲的现代战争。

文献来源

1. レーンジャー 1988:68-70；Crowder 1971:1-4；Edgerton 1988:195-196 等。
2. Ogot 1972；Crowder 1971。
3. ボアヘン 1988。
4. グエイエ，ボアヘン 1988。
5. レーンジャー 1988。
6. Middleton 1960:258-264。
7. Middleton 1960:258-264。
8. Gwassa 1972；lliffe 1979:chap.6；ムワンジ 1988：237-239。
9. Gwassa 1972；lliffe 1979:chap.6，199-200。
10. エヴォンズ＝プリチャド 1997:15、32。
11. エヴォンズ＝プリチャド 1997:319-320。
12. Johnson 1994:194-195，198-200。
13. エヴォンズ＝プリチャド 1997:35。
14. エヴォンズ＝プリチャド 1997:36。
15. エヴォンズ＝プリチャド 1997:320-324；Johnson 1994:30-32。
16. Johnson 1981。
17. Johnson 1982。
18. Johnson 1994。
19. Stoller 1995。
20. Ranger 1967；チャナイワ 1988:309-314。
21. Lan 1985。
22. Allen 1991；Behrend。

第四章 "早期反抗"：连接过去与现在的抗争轨迹与启示 | 143

图 13 埃科韦要塞：4 月 3 日，被切姆斯福德上校的军队攻占

图 14 埃科韦要塞的速写：祖鲁士兵的进攻

图 15 在图盖拉河，英军等候渡河

图 16 英军在行军中

第五章

内战和民族冲突：现代人类学的课题

第一节　现代战争的特点

正如马林诺夫斯基对当时欧洲大陆上正在发生的第二次世界大战论述的那样，越南战争推动了美国的战争人类学的研究并进行了自我反省，可以说人类学的战争研究鲜明地反映了时代的状况[1]。

当21世纪即将到来之际，全世界的关键词是冷战的终结、经济和信息的全球化、超越国境的人口流动、国民国家的动摇、"民族主义"的崛起等。与这些内容密切相关的是，世界各地频繁发生的武装冲突，所谓"世界新秩序"实际上完全可以说成是"世界新无秩序"。这种现代世界的状况，给战争人类学研究带来了很大的影响，笔者认为这些影响可能会越来越明显。

以下将分析整个世界范围内发生武装冲突的统计数据。国际红十字会和国际红新月会每年都会联合发布《世界灾害年度报告》(*World Disasters Report*)，这是一份关于自然灾害和人为灾害造成的损失，以及针对这些灾害的救援活动情况的全球报告。根据1998年出版的该报告，从1945年到1995年的50年间，在世界范围内发生了近200起大规模的武装冲突，其中90%以上的武装冲突发生在第三世界国家，造成约4500万人死亡[2]。1985年以后，90%的武装冲突是国家内部的战争，属于内战和民族冲突，绝大多数死者是一般市民（非战斗人员）。报告将武装冲突分成三种类型，第一种是年死亡率达千人以上的"高度冲突"（High-intensity Conflict，HIC）；第二种是年死亡率达百人以上至千人以下的"低度冲突"（Low-intensity Conflict，LIC）；第三种是年死亡率达百人以下的"政治暴力冲突"（Violent Political Conflict，VPC）。近几年，HIC的数量在下降，1997年发生了17起，但是LIC和VPC的数量在增加，1997年先后分别发生了70起和74起。发生同样的冲突类型的数量在1995年末分别为20起HIC、39起LIC、40起VPC[3]。1996年至1997年间在以下国家和地区内发生了20起HIC，据推测，这期间共造成13万人死亡。

1. 非洲：阿尔及利亚、安哥拉、布隆迪、刚果、卢旺达、苏丹。

2. 中东：伊拉克、土耳其。

3. 亚洲：阿富汗、柬埔寨、印度、印度尼西亚、巴基斯坦、斯里兰卡、塔吉克斯坦。

4. 美洲：哥伦比亚。

5. 欧洲：阿尔巴尼亚。

1996年至1997年间在以下国家和地区发生了59起LIC。

1. 非洲：安哥拉、中非、乍得、埃塞俄比亚、喀麦隆、肯尼亚、利比里亚、利比亚、莫桑比克、尼日利亚、乌干达、塞内加尔、塞拉利昂、索马里、南非、埃及。

2. 中东：伊拉克、伊朗、以色列、黎巴嫩。

3. 亚洲：孟加拉国、菲律宾、印度、印度尼西亚、巴基斯坦、老挝、缅甸、尼泊尔。

4. 美洲：危地马拉、海地、墨西哥。

5. 欧洲：波斯尼亚和黑塞哥维那、克罗地亚。

在现代战争中，主权国家很少使用正规军交战，也很少与其他国家之间进行常规战争（conventional war）。所谓"战争"，更多的是国家内部的武装冲突，即内战、内乱、民族冲突、地方冲突等。这种形式的战争在上述《世界灾害年度报告》中被称为"低度冲突"（LIC）。

这个术语自20世纪80年代中期开始被学界广泛使用，现在已经成了一种分析冷战后武装冲突的特殊概念，但这个定义依然比较模糊[4]。

虽然在《世界灾害年度报告》中使用了机械化的分类方式，仅以年度死亡人数去定义此概念，但是在此报告中有两种冲突都不属于国家与国家之间常规战争，虽然被划分成"高度冲突"（HIC）与"低度冲突"（LIC），但是两者相互之间并没有本质的区别。另外，如果采用特定死亡人数作为"低度冲突"的主要衡量标准，那么，对于冲突的强度评估就不能只依据直接死亡者的数量来判定。即使直接死亡人数不到千人，但失去了财产和生活基础的难民和移民也有可能达到数万人，而长期冲突造成的损害也有可能让人们走向歧途的危险。总之，"低度冲突"只是一种现象层面的概念,并没有解释现代战争的特性。笔者将现代战争的特性归纳为以下六点。

一、现代战争主要发生在亚洲和非洲等第三世界国家,包括苏联和东欧等国家。

二、现代战争拥有常态化和持续性的倾向,如果没有国际社会有组织且全面性地介入,多数情况下无法得到和平解决。例如,苏丹内战自1955年以来持续了10年,其邻国埃塞俄比亚也持续了30多年的内部武装冲突。

三、在现代战争中使用的武器属于常规武器,尤其当参战人员不是政府军时,往往会以自动步枪、地雷、手榴弹、火箭炮等轻型武器为主。在这种冲突中,一般情况下不使用重型武器和高科技武器进行大规模的破坏。

四、日常生活中几乎看不到枪的国家中的人很难想象,其实自动步枪等武器在世界各地正在被大量使用。在战争频发的国家中,除了军人和警察以外的平民也广泛拥有枪支,特别是苏联和东欧各国生产的"卡拉什尼科夫"突击步枪(AK-47)。然而,在战争中使用轻型武器,并不意味着死亡人数会减少。事实上,情况完全相反。

五、在现代战争中丧生的人并不都是士兵,而更多的则是一般的平民。尽管没有使用重型武器和高科技武器进行战斗,但仍然有大量的平民被杀,在某些极端情况下也会出现"种族灭绝"等现象。另外,不仅仅是战斗造成的直接死亡,还有因国家行政机构瘫痪，很多人无法接受治疗或无法获得救援而导致的死亡。

由于错综复杂的战争状况和政治原因，无法准确计算死亡人数。据统计，从1991年至1995年，波斯尼亚因战争的死亡人数达20万人，占总人口数的5%。然而，在世界范围内可能没有哪个国家像卢旺达内战那样，在短时间内屠杀了大量平民。1994年4月之后的两个月内，卢旺达有50万至100万平民被屠杀。当时卢旺达的总人口约780万人，这是一个非常惊人的数字。而且，大部分死者并不是被自动步枪或手榴弹等轻型武器所杀，多数情况下不仅没用枪炮，而是被附近的村民和同村人用刀杀死[5]。

据推测，在1983年开始的苏丹第二次内战中，死亡人数达到200万人。其中大部分人并不是被武器或武装分子虐杀，而是因战争所导致的生活条件的恶化或破坏而死亡。

由于生活场所遭到破坏，生存环境受到威胁而不断产生大量的难民（displaced people，国内难民）和避难者，这个数量每年都在增加。

根据国际NGO的报告，1970年全世界有200万左右的难民，到1991年时高达1647万人，其中982万人是来自中东和南亚，534万人来自非洲[6]。1995年全世界难民的总数高达1900万人。另外，据推测，1995年避难者的总数为2000万人到3000万人[7]。虽然产生难民和避难者的主要原因是自然灾害、饥荒等，但战争也是最大的原因之一，而且饥荒也与战争有很大的关系。

六、民族（有时候是宗教）往往是动员人们的一种象征，因此这种现代战争经常被人们称为"民族冲突"。这个问题与人类学视角下的战争研究有很深的关系，因此，在下一节中将继续进行相关的分析。

第二节 武力冲突的主体和目的

在冲突研究中，冲突是由"主体"（actor）、"原因"（issue）、"手段"（means）三个要素和其发生的"场所"（field）所构成[8]。

在常规的战争中，战争主体往往是主权国家。现代战争基本上都属于国内冲突，因此发生冲突的双方主体并不是以国家为单位的。然而，如果因为现代战争的主体是民族集团，所以称其为"民族冲突"的话，那么这就是一个很大的误解。因为，国内冲突的主体一方是国家，另一方是民族集团的情况比较多，而少数民族集团相互之间发生冲突的案例非常少见。另外，即使民族集团是一方的主体，另一方也并不是民族集团，更多的是宗教组织或地方民众组织。现代战争是指"国家主体"（national actor）和"亚国家主体"（sub-national actor）之间的冲突。那么接下来的问题是，为什么民族集团会成为冲突的主体？他们又为了什么与国家之间发生冲突？

虽然"民族"一词是人类学的基础概念，但是很难将其作为一种普遍性的定义，这种不确定性也是民族集团的特性。有关民族集团，有两种不同的解释。第一种是将民族集团视为自古以来就一直存在的实体，第二种是将其视为被历史和政治所构建的并操控的集团。对民族的常识性的理解和通过媒体传播的解释，基本都属于第一种定义。例如，过去数百年来一直对立的两个民族（非洲将其称为"部族"）爆发冲突，这种现象就属于现代冲突。这时可以认为民族集团是超历史且坚固的实体，其存在本身就是冲突的原因，并且冲突是以两个民族集团之间的问题为前提而发生的，这是一种本质主义的观点。近代政治学和人类学对民族的理解则属于第二种定义，即民族集团本身并不是冲突的原因，冲突的原因是在冲突发生的过程中被建构、被操控的，冲突结束后才逐渐会浮出水面。另外，冲突发生的原因也并不只是两个民族集团之间的问题，这需要在国家、社会、经济、阶级和国际关系等背景下才能解释清楚。因此，随意将某个武力冲突称为民族冲突可能会引发误解[9]。

现代民族和国家之间的问题并不都源自远古时期，而是在近代殖民统治、国民国家以及世界资本主义的框架中产生的。无论是殖民时代还是后殖民时代，近代国家为了统治上的便利，按照行政官员和人类学家的理解对民族集团进行了分类并确定了边界。在中央集权制的国家体制下，经济的发展、基础设施的建设、教育的普及等都在每个民族集团内以不平等和不均等的方式在进行。在国家体制下，主体民族和少数民族之间产生了阶级，虽然与社会经济的阶级之间有区别，但大体上是一致的。其结果是，围绕国家垄断的资源分配，以民族为单位发生了争执。简单来说，这就是民族主义和民族冲突的起源。因此，那些被排除在国家体制之外的，被边缘化的民族集团发起要求合理分配资源和政治自治的运动是理所应当的。如果国家不能满足这些诉求，反而镇压这些运动，就很有可能变成以民族集团为单位的解放运动，其结果就是爆发与政府军之间的武力冲突。如果这些运动与国家的利益相联系在一起，那么冲突可能会进一步扩大。

正如欧内斯特·盖尔纳所说，人类社会的本质是要求个体隶属于某个单位，并持有对该集体的强烈认同感，这一过程中往往伴随着对其他非认同元素的排斥[10]。在此理论框架下，对"某个单位"的界定，实质上解释了民族集团作为人类社会基本构成单元的必然性。我们必须认识到，尽管民族集团作为一种社会构想与建构的产物，其存在本身具有高度的象征性与想象性，但在冲突与对立的语境下，它无疑成为一种"实在"的力量源泉。正是这种"实在"性，促使个体被集体动员，进而在极端情况下可能加剧暴力与杀戮的蔓延。尤为关键的是，当以往与"敌人"之间的苦难记忆被有意识地唤醒与操纵时，民族集团内部的凝聚力与对抗外部威胁的动员能力会显著增强。"若未能准确把握民族集团的功能性维度，则难以全面审视与理解现代冲突的本质"[11]。

"非洲的早期反抗研究还分析了非洲人在反抗殖民统治的运动中'主权'的概念。当时的酋长和领导人中，有人明确表示要坚决反抗对自己主权的侵害"[12]。

当然，"主权"是欧洲人的概念。但是，也许类似"自己的命运由自己决定",这种自决和自律的概念才可能是最普遍的。这种概念在我们分析现在的一些问题时依然非常重要。那么所谓的"自己"到底指的是谁？这个范围可大可小，而不同的范围内"主权"的概念也可能成为以国民国家为目的的民族主义、地方主义、民族国家主义等的基础。"自决权"（the right of self-determination）并不只属于国民国家，事实上，亚国家主体也可以主张这种权利。在那些寻求自决的亚国家主体中，其民族集团分散在多个不同国家内，这就不是一个国家的事了。进一步说，像泛非主义那样，超国家主体也有可能成为自决和自律的单位。如果独立后的国家和前殖民国家一样，存在于"自己"以外，并且受到压迫和侵犯主权，那么这时就已经充分具备了发生冲突的条件，"早期反抗"的记忆就是在这种状态下被激活而产生的。

基于上述讨论，我们继续分析现代世界中武力冲突最频繁的非洲。一些非洲国家作为冲突的主体，常常被人们认为是统治能力和责任能力都非常低的国家。这种被近代西欧所认为的"弱势"国家，除了独占本国的自然资源以外，他们还拥有从海外获得援助等的各种资源的分配权。但实际运营这个系统的并不是韦伯所指的以个人能力为基础的官僚机构，而是被所谓的"大人物"和"老板"独占。这里的人们并不像一般的国民一样拥有普遍的属性，只有与特定的大人物和资助者之间建立关系，才能够享受资源分配的恩惠。这种大人物上至国家总统下至村落首领，从中央到地方无处不在，是一种被阶级化的存在。非洲国家的形象就是这样一种由资助者和被资助者的关系所构成的多层社会网络，物资和信息也随着这个网络而流动。"即使现代官僚制和民主制在形式上已完备，但上述情况在非洲国家中依然存在"[13]。在研究冲突问题的时候，大人物、资助者和被资助者的社会网络非常重要。首先，社会网络多数情况下是指在同一个地区由拥有共同宗教信仰的某个民族集团构成的。其次，经常有人会因为某些原因被排除在这个社会网络之外。这对于以大人物为基础的民族集团、宗教集团、地域集团而言，相对会得到更多资源的分配权利。相反，对于没有大人物支撑的集团或势力比较小的集团而言，很有可能就分配不到资源。也就是说，在这样一种机制内的民族集团、宗教集团以及地域集团早已被实体化和政治化。虽然很多情况下民族集团、宗教集团与地域集团等的身份认同常存在重叠，但也时而出现偏差。至于哪一个因素被实体化及政治化的程度最深，则因具体情况而异，难以一概而论。这一现象的严重程度主要取决于其是否能有效唤起集体记忆，并动员起足以影响现实的力量。

第三节　现代非洲的游击战

民族集团的实体化和政治化并不只是非洲的现象，而是整个世界的普遍现象。然而，为了进一步发展成武力冲突还需要一些其他条件。例如，被排除在国家资源分配之外的、在文化上被高度压制和高度边缘化的少数民族集团想要改善现状，或者被拥有国家权力的多数派有组织地进行暴力压制的少数派想要恢复"主权"等。此时，他们还需要成立指挥机构和建立相应的组织，还需要想方设法获得武器。发展到这一步时，他们以任何理由都可将冲突发展成军事战争。

政治学家克里斯托弗·克拉姆是现代非洲的游击组织和叛乱的比较研究领域的先驱，他在《非洲游击战》（1998）一书的导论中，将叛乱（insurgency）分为以下四类[14]。

一、以推翻殖民统治和少数统治为目的的叛乱。例如，葡萄牙的殖民地（安哥拉、莫桑比克、几内亚比绍）和白人统治的国家（南非、罗马尼亚、纳米比亚）。

二、以独立为目的的叛乱。例如，南苏丹、厄立特里亚、塞内加尔的加莎曼斯地区。

三、以国家的激进改革为目的的叛乱。例如，乌干达的国民反抗军（National Resistance Army，NRA）、埃塞俄比亚的埃塞俄比亚人民革命民主阵线（The Ethiopian People's Revolutionary Front, EPRDF）、解放刚果—扎伊尔民主力量同盟（Alliance of Democratic Forces for the Liberation of Congo/Zaire, ADFL）。

四、以军阀（warlord）领导人的个人利益为目的的叛乱。例如，利比里亚、索马里等。

正如克拉姆本人所说的，这种分类背后蕴含着深刻的思考。例如，在苏丹内战中参加战斗的苏丹人民解放军（Sudan People's Liberation Army, SPLA）具备了上述所有要素。第一种类型随着南非的种族隔离制度而终结，结束了最后的少数白人的统治体制。第二种类型是独立后不改变国境，并承认非洲统一组织（Organisation of African Unity, OAU）宪章。到现在为止，只有厄立特里亚是这个类型的成功案例。厄立特里亚在经历了30年的内战后，1993年从埃塞俄比亚分离并形成独立国家。第三种类型是以恢复民主，扫除贪污、腐败和裙带关系为目的。乌干达的国民反抗军是现代非洲最成功的游击组织之一，1981年发生叛乱，1986年便成功夺取政权。第四种类型是军阀作为武装集团的首领，是拥有控制资源和分配资源的大人物，他们控制的资源包括木材和矿产资源、机场和港口的税金、国际社会的救援物资、武器和弹药等。这些情况在其他非洲国家也同样存在。其中，索马里的内战就是最典型的"军阀"发动的叛乱。这些所谓的领导人主要是为了争夺机场和港口的支配权,以及救援物资的分配权等而发生冲突。塞拉利昂发生内战有的原因主要为了争夺木材、铝土矿、钻石和稀有金属等控制权,而在安哥拉内战中的"军阀",其目的是为了争夺石油和钻石资源的控制权。另外,在其他类型的叛乱或游击组织中,也能找到具有"军阀"性质的领导人。这种类型的冲突也与一些跨国公司和武器商人等国际性网络相连,并且被牢牢地编入了全球经济的一部分,这也是现代冲突的一个侧面,更是冲突常态化的原因之一。因为,只要能确保资源流通的路径,"军阀"就可以确保自己的权力地位,没有必要冒险与政府军对抗,或者夺取中央政府的权力。事实上,这种类型的叛乱是最容易发生对一般平民的暴行、掠夺、虐杀等。

实际上,这些游击战的发生,宣告了非洲殖民统治和白人支配的"恶性"和解放非洲人的"善性"时代的结束,即游击组织和政府对善恶的价值观是相对的。目前,非洲的各种叛乱运动呈现出来的是非洲与世界的矛盾,仿佛在展示"现代"社会的极限,即饥荒、难民、暴行和虐杀等都是否定人性的现象。

我们重新回到冲突的主体问题来看,与政府有关系的"军阀"、跨国公司和武器商人,以及近年来备受关注的"雇佣兵公司"等都属于"跨国家"(trans-national)的冲突主体。虽然本书中并没有详细的论述,但我们知道在西非的利比里亚和塞拉利昂的内战中,西非经济共同体(Economic Community of West African States, ECOWS)的成员国家,以"监督"的名义派遣军队，试图通过使用武力强制实现和平，这是一种在内战中可以看到"超国家"（supra-national）主体的冲突形式。因此，非洲的游击战可以说不是没有实现现代化的"落后"现象，而是超越了"现代"率先实现了未来战争的形态。

以民族集团的实体化和政治化问题为基础，接下来将进一步分析上述四种不同类型的叛乱。第一种类型的主体是被压制的以解放组织为基础的所有阶级集团，所以在理论上个别民族集团是不可能成为叛乱主体的。这个现象在第三种类型中也表现出相同的性质。但是，当解放组织的多数领导人同属一个民族集团时，这种运动就有可能带有民族性质。政府则会利用这种情况，宣传解放运动并不能代表所有国民和被压迫的阶级，而是部分民族集团的行为，并且通过这种方法让整个组织分裂，进一步推进民族集团的实体化和政治化。第二种类型是以独立为目的的叛乱，这种情况中的主体是居住在该地区的民族集团。第四种是"军阀"类型，其中领导层（大人物）在决定建立自己的势力范围和扶持对象时，民族集团是他们考量的因素之一。需要说明的是，并不是所有非洲的武力冲突都带有"民族冲突"的性质。另外，当掌握政权的统治阶层中的大多数人归属于同一民族集团（不论其具体比例如何）时，那么，旨在推翻该政权的武装组织的成员往往来自非统治阶层的其他民族集团。总之，无论何种类型的叛乱，都会促进非统治阶层的民族集团进一步实体化和政治化。

第四节　内战的影响和人类学

　　战争人类学应该关注的是在混乱的社会背景下发生战争后，人们是如何生存的，其生活方式又受到了哪些影响等。以人类学的视角分析内战和现代民族冲突时，可以考虑以下六个方面：冲突当事人的叙述、动员的象征和组织、现代武器的影响、冲突对社会和文化的影响、民族集团关系的变迁、地方和国家和国际层面的冲突背景[15]。笔者曾以帕里和阿努瓦两个民族作为主要研究对象，在讨论苏丹和埃塞俄比亚的内战和民族冲突的论文《生活在民族冲突里的人们》（1996）中综合分析了上述所有六个方面。因此，笔者尝试在19世纪末以后的"早期反抗"和殖民统治等历史性脉络中，定位现代战争。

　　帕里人自1985年以来就一直饱受内战的影响。当时帕里人中的10岁至20岁左右的所有年轻人都参加了苏丹人民解放军（Sudan Pepole's Liberation Amy, SPLA），成了游击队士兵。1992年，SPLA内部发生纠纷，导致六个村落全被烧毁，所有帕里人都成了难民和避难者。在这之前很多参加游击队的年轻士兵们，擅自离开所属部队逃回了故乡。1986年到1990年间，他们与村民们一起开始了独立的军事行动，他们的"敌人"是政府军和附近的其他民族集团。为什么所有帕里年轻人都会积极参加 SPLA 组织？为什么在此之后又进行与 SPLA 完全没有关系的行动？这个问题本来应该由帕里那些经历过那个时代的人和知识分子来回答，但笔者却探索了这些问题的答案。

1955 年到 1972 年，南苏丹为了寻求与阿拉伯民众占多数的北部地区分离并独立，开始了第一次内战。这次内战造成了近 50 万人死亡，南部的大部分地区被荒废。后来双方进行和平协商，认可了南部最大程度的自治权并建立了地方政府。虽然地方政府的政治经济基础非常薄弱，但仍然是南部领导人争夺权力的舞台。此时缺少"大人物"的帕里人，根本没有分配到任何资源。另一方面，随着学校教育的普及，帕里的年轻人中也出现了中学和高中毕业生，但是他们的就业机会非常有限，帕里的年轻人被国家体制所疏远。另外，20 世纪 80 年代中期，20 岁至 30 岁之间的年轻人的阶级上升为壮年阶层的莫乔米奇，他们一直在寻找掌握帕里社会实权的机会。然而，之前的莫乔米奇阶层并没有退让的意思。为了让他们同意隐退，现阶段的年轻人必须要展示出他们的勇敢和成熟。也就是说，对于年轻人而言，参加 SPLA 可以在对抗国家政治和军事组织中寻求自我实现的道路。作为 SPLA 战士获得武器（包括自动步枪、机关枪、战车和火箭炮等）并带回家乡，这也给他们提供了足够证明勇气的机会。1998 年这些年轻人顺利上升为莫乔米奇，夺取了控制帕里社会的大权。

"随着内战的进一步发展，南苏丹的治安越来越恶化，增加了政府军和其他民族集团攻击帕里的危险性，因此，他们必须获得武器和装备进行防御"[16]。

SPLA 组织没有以南苏丹独立为目的，而是以解放整个苏丹为目标。这种公开的口号对于动员帕里的年轻人参加战斗并没有起到作用。

19 世纪后半期至 20 世纪初期，帕里人遇到了从北苏丹来进行奴隶交易的武装商人、马迪夫的军队，以及英国殖民政府军等武装集团，他们与后两者之间发生了战斗。这些用枪炮武装的军队，给他们带来了强烈的冲击。20 世纪 20 年代开始持续了一段没有战争的时期，但在 1955 年苏丹独立迫在眉睫时，在附近城镇中，由南苏丹人组成的政府军队发动了叛乱。第二年，身穿从逃兵身上取得的叛乱军制服的 230 名帕里人，携带大量的弹药出现在 300 公里处的北部地区，他们的目的是用这些弹药与当地人进行交易。"此事件尽管对当地政府构成了威胁，然而，其背后却巧妙地揭示了帕里人对于'军事'领域特有的认知模式与对政府方针政策的微妙态度，同时彰显了帕里人内部高度的自律性与自我管理能力"[17]。在第一次内战中，帕里人也积极参加了解放战线，在这样的历史背景下，就可以很好地理解帕里人在后来的内战中的反应。然而，积极参与内战，并寻求自我实现的帕里人最终付出了死亡和成为难民的巨大代价。

阿努瓦人居住在苏丹和埃塞俄比亚国境交界处，埃塞俄比亚的阿努瓦人居住在甘贝拉（Gambella）地区。19世纪末，他们与不断扩大领地的埃塞俄比亚帝国建立了交易和纳贡关系，并获得了大量的枪支，1912年阿努瓦人打败了英国军队。武器的流入使阿努瓦首领的权力变得更加强大，同时也增加了阿努瓦社会内部的冲突以及他们与努尔人之间的暴力冲突。对于阿努瓦人而言，所谓的"政府"是指外来的武装集团。与帕里人相比，阿努瓦人经历了各种各样的"政府"。除了埃塞俄比亚帝国和苏丹的殖民政府以外，阿努瓦人的居住地在20世纪30年代后半期还曾被意大利占领。1974年他们又受到了社会主义军事组织的统治，1983年SPLA在甘贝拉地区建立了根据地。对于阿努瓦人而言，这些都是所谓的"政府"。在这种外来的武装势力的介入下，以阿努瓦人和努尔人为首的周边民族集团的关系经历了政治化和军事化的过程。

在社会主义政权时代（1974—1991年），阿努瓦社会发生了很大的变化。随着国家行政力量的深度渗透与广泛干预，甘贝拉地区成为农业开发政策与项目工程实施的焦点区域。其结果是，阿努瓦人不仅失去了土地，还迎来了与他们人口数量相当的移民。虽然这些移民是埃塞俄比亚国内的农民，但对于阿努瓦人而言，他们是完全不同民族的陌生人。另外，从南苏丹流入的难民数量更是阿努瓦人口的数倍，同时努尔人也移居到了此地。也许就在这个时期，阿努瓦人开始意识到自己才是甘贝拉的"原住民"，产生了"这片土地属于阿努瓦人"的强烈意识。然而，阿努瓦人的起义不幸遭到了社会主义政权的暴力镇压，逃至苏丹的阿努瓦人重新集结，形成了一个紧密团结的新组织。社会主义政权一方面压制阿努瓦人，另一方面又优待阿努瓦人的首领们，致使民族集团之间的敌意加深。当埃塞俄比亚人民革命民主阵线推翻了社会主义政权并掌握了政治实权后，阿努瓦人的游击组织被委任成立甘贝拉地方自治政府，自此阿努瓦人在历史上首次拥有了地方自治政府。然而，拥有地方政治权力的阿努瓦人和与 SPLA 联盟的努尔人之间又发生了武力冲突。SPLA 和努尔人组成数千人的武装部队，数次越境并进攻了甘贝拉地区。阿努瓦人的自治政府成了两个民族集团的精英们争夺权力的场所。

如上所述，自 19 世纪末期以来，阿努瓦人和努尔人之间的关系在外部势力的干涉下，经历了政治化和军事化的过程。20 世纪 80 年代，由于武器数量急剧增加，埃塞俄比亚社会主义政权和 SPLA 为了让市民武装起来，开始在市场上秘密贩卖武器。

此时，民族集团之间的界限越来越明晰，超越了曾经的朋友、婚姻、交易等关系，并且到了很难再建立这种关系的地步[18]。

在有关苏丹内战的研究方面，有几项优秀的人类学研究成果，莎伦·哈钦森的《努尔人的窘境》（1996）就是其中最具代表性的成果。之前埃文斯－普里查德所调查过的努尔人在苏丹的内战中,不管是在政府和反政府方面都发挥了积极的作用。同时他们也是最大的受害者,努尔人的居住地成了各种武装力量混战的战场。哈钦森根据埃文斯-普里查德的民族志和约翰·道格拉斯的历史研究,详细记述和分析了努尔人社会行政机构的建立、货币经济的渗透、移民的增加、接受学校教育的新精英阶层的出现、婚姻关系的变化,以及全球化背景下该社会所经历的动态调整与适应过程等。在这些内容的基础上,哈钦森讨论了努尔人是如何卷入现代战争,当地人又如何主动应对等问题。这项成果在致力于现代课题的同时,也根据经验对传统进行了深入的探讨,是一部质量非常高的民族志。哈钦森针对过去60年间发生的社会变化,提出了两种不同的三个媒介假说。

一是在传统社会中,人与人之间的社会关系是以"血缘""牲畜""食物"为媒介,而现代社会中主要以"货币""枪支""纸"这种外来媒介为主[19],这种假说是象征性地表示对努尔人而言的现代社会。对于"货币"和"枪支"可能不需要过多的解释,而"纸"代表的是文字系统、读写能力、学校教育,以及以文件为基础的行政机构等。努尔人对枪支的认识与帕里人和阿努瓦人相同,即"政府时代就是枪支的时代"[20]。

有学者指出,随着枪支的普及,非洲人的杀人观念也发生了很大的变化。努尔人认为,杀人犯因为溅到了被害者的血而变成"污染"的状态,而且这种状态会传染给其他人并带来灾祸。为了消除这种状态，人们必须要进行净化仪式。在第一次内战中，很多人并不是被短矛所杀而是被枪杀的，于是在当地逐渐散布了一种杀了陌生人不会被污染的观念。在一些地方，人们为了暂时防止污染扩散，都会进行简单的净化仪式。当人们面对内战中出现大量被枪杀的死者时，又散布了另一种观念，即在内战中被枪杀的死者与受到神的启示而被雷击致死的灵魂一样，因此，人们认为被枪杀的"死者"成了守护"生者"的灵魂。

面对上述情况，SPLA 中的努尔人司令官只能发出布告，称内战中的死者与污染无关，因此不需要进行净化礼仪[21]。

在研究战争和杀人的问题时，这些的情节都非常具有启发性。对于努尔人而言，以前的战斗是在熟人之间发生的，用短矛杀人必须要接近敌人才可以。在内战中，与战斗对手的距离一直在扩大，事实上从远距离用枪射击时很难判断谁被击中。最为广泛使用的卡拉什尼科夫突击步枪（AK-47）的射程距离为 300 米，如果在战场上相互射击时，完全不知道谁射击了谁。

"未开社会"的战争和现代社会的战争之间最重要的区别，并不是在本书第一章中特尼·海格所主张的那样。也就是说，在战争中完全看不到敌人的脸，但成为被杀的对象时，现代战争就会诞生。虽然在现代战争中看不到敌人的脸，但是对于努尔人而言，由于杀人而产生的污染情况依然存在，因此努尔人在对死者的处理上下了很大的功夫。这就意味着，不管是不认识的敌人也好，还是认识的敌人也好，努尔人将他们都视为是和自己一样有灵魂的人类。当敌人成为可以用现代武器消灭的对象时，战争的"非人性化"就开始了。如果将这种战争称为"现代战争"的话，那么20世纪60年代在努尔人社会中发生的战争还处于"未开战争"的状态。

本书第四章中所提到的乌干达北部的圣灵运动之所以能扩大其势力范围，是因为在发生大量的杀戮后，灵媒师爱丽丝·拉奎纳为因"污染"逃亡故乡的众多阿乔利士兵进行了净化仪式。

当那些可以举行净化仪式的祭司无法为众多的杀人者和被害者主持仪式的情况下，灵媒师爱丽丝·拉奎纳伸出了救援之手[22]。

这些案例告诉我们，在现代战争中即使是发生了大量杀戮，杀人依然是一个特殊的事件。例如，美国士兵在看不见敌人的脸，用高科技武器进行模拟战斗，在很多情况下也会有精神上的创伤。这个事实说明，使用高科技武器的战争也并不一定是"非人性化"的战争。

作为"战争民族志"，与《努尔人的窘境》一样的优秀成果还有保罗·理查兹的《热带雨林的斗争——塞拉利昂的战争、年轻人和资源》（1996）。在西非的塞拉利昂，1991年开始发生内战，直到8年后笔者写这本书时战争依然在持续。

作为内战主体之一的革命统一阵线（Revolutionary United Front，RUF）在1997年与一部分政府军联合取得了政权，但第二年，以尼日利亚军为核心的西非经济共同体组织的各国军事力量的介入，使革命统一阵线的政权崩溃，他们再次发起了游击战[23]。

塞拉利昂的内战并不是具有"民族冲突"性质的战争，这与苏丹和埃塞俄比亚的内战有很大的区别。塞拉利昂的内战是与木材、铝土矿、钻石等资源的利益关系紧密联系在一起，是"军阀"以个人目的发动的战争。另外，RUF和政府军都会虐杀和掠夺普通平民，RUF还强行动员了很多年轻男女参加战斗。根据非洲的整体状况来看，从发生了大屠杀的卢旺达、无政府状态下"军阀"混战的索马里，到持续内战的塞拉利昂等国家的情况，使整个非洲成了最混乱的大陆，让人不自觉地回到19世纪对于非洲人"天生野蛮"的认知。理查兹的民族志著作的核心宗旨之一，是批驳所谓的"新野蛮主义"（new barbarism）理论框架。这种新野蛮主义是文明与"未开"二元对立观念的再现，它深植于霍布斯人性观理论脉络之中，并体现出一种本质主义的倾向。该倾向预设了民族群体固有的原始性与超历史性的前提，其新颖之处在于，将武力冲突的根源归咎于人口爆炸式增长与环境急剧恶化的交互作用，这一分析路径融合了人口学与生态学的视角。然而，此观点也是一种马尔萨斯人口论的再现。

事实上，这种"新野蛮主义"之所以受到认可是因为，美国一名叫罗伯特·卡普兰的记者分析了南斯拉夫的冲突并写了一本书[24]。卡普兰还以同样的视角分析了索马里、卢旺达、利比里亚等内战，并发表了相关的论文[25]。《热带雨林的战斗》是一部非常有影响力的反对"新野蛮主义"的著作[26]。为了分析非民族冲突的内战，理查兹依据的并不是"民族集团"概念，而是"世代"这个概念。为什么很多年轻人离开城市进入热带雨林，并参加 RUF 呢？理查兹强调，20 世纪 70 年代人们受到革命思想的影响，当国家不能提供年轻人所期待的东西时，他们在激进思想的引导下成立了游击组织[27]。

对于这种略带浪漫主义的视角，理查兹的共同调查者拉希姆·阿布都勒提出了异议。根据他所说，RUF 核心成员的想法非常简单，他们的特点用一句话说就是"城市的流氓无产阶级"，他们残暴行为也可以从这个观点来说明[28]。

正如笔者所强调的年轻人在帕里和苏丹的内战中的作用，特别是接受过中等教育的人们发挥着指导性作用。在非洲的内战中"世代"的因素非常重要，笔者期待相关研究在今后有进一步的发展。

理查兹也关注到媒体在战争中的作用。城市里的年轻人非常喜欢好莱坞的暴力电影，这也是当地人了解美国现代社会的一种手段。然而，当时的 RUF 组织给年轻人播放史泰龙主演的《兰博》系列电影，并将其作为对新参加组织的年轻人的教育手段。理查兹的研究开拓了一个新的领域，即全球媒体的发展与青年文化的关系问题[29]。

以内战和民族冲突为主的现代战争是全球化影响下的结果，

同时也是地方化的结果。当以人类学的角度考察时，既要分析地方性的状况，也要掌握全球化的趋向，这也是哈钦森和理查兹的研究方法。在分析地方状况时，需要注意冲突的主体，即民族集团的社会组织和文化、"早期反抗"的传统、"未开"战争和现代战争的连续性、资本主义体系对国家体制的包容程度等，这些基本都属于人类学研究的主体。但是，具体的相关研究还处于起步阶段。

关于现代战争，媒体报道的信息量非常大。尽管如此，但我们对战争的理解还是非常有限的。例如，在发生了大量的杀戮时，杀人者的净化礼仪和被杀者的赔偿等问题是怎么解决的？村落首领和长老是否还能发挥调解冲突的作用？具体的战术又会不会因为短矛和弓箭被自动步枪所取代而发生变化？另外，在"战士精神"至上的社会中，这种精神会不会被解放阵线的士兵所继承？在考虑这些问题时，可参考已有的"未开社会"的战争研究。然而，目前人类学家也只能回答部分问题。特尼·海格在时隔22年后重刊的《未开战争》的后记中指出，在全球背景下，游击战与恐怖主义活动的兴起，隐约透露出"未开社会"战争特性的余音与残留。然而，此等现象并非"真正战争"的直接对立面，而是基于一个深刻的认知：它们作为历史进程中的阶段性产物，其最终命运将不可避免地走向衰落与瓦解。[30]

在之前的内容中强调过的"早期反抗"的连续性，传统的传承是这其中一个非常重要的侧面。在帕里人社会中发生内战时，传统的年龄组在动员年轻人并让他们参加战斗中发挥了很重要的作用，"战士的传统"被重新激活并持续发挥作用。然而，就像政治学家艾莉·马兹路易在早期所指出的那样，在现代非洲的整个政治形势中已经"复活"了战士的传统，这种论点不得不说是逻辑上的飞跃（Mazrui 1975）。

"传统"并不是完全一脉相承的，而是有选择性地去利用和操作的。例如，南非从种族隔离向民主主义体制的过渡时期（1990—1994年），祖鲁人组成的因塔卡自由党与白人政权勾结，并利用祖鲁的"战士部落"的形象，对非洲人国民大会（African National Congress）的支持者实施恐怖行动。他们身穿传统服装，手持短矛、棍棒、斧子等武器，虽然政府禁止携带武器，但他们以"传统文化"为自己的行为辩护。肯尼亚在过渡到多个政党制时期（1991—1993年），支持政府的马赛人和卡伦津人等牧民，用"战士精神"发动民众并攻击了叛乱分子。非洲以外的一些地方的少数民族集团也具有强烈的"战士精神"，有时为了保卫自己的"主权"也会利用这种精神。在巴西的辛格河流域居住的卡亚波人（Kayapo）就是一个典型的案例，他们利用自己勇士的身份，与政府和电力公司交涉撤回当时的水库建设计划。在人类学家特伦斯·塔纳监制的电影《卡亚波——前往森林之外》（1989）中生动地再现了这些画面。

非欧洲的诸多社会是人类学家的主要研究对象，这些"未开社会"在20世纪以后发生了巨大的变化，而且其变化速度越来越快。内战和民族冲突是在这样一种大背景下产生的现象，这也是考虑21世纪的人类如何面对生存时不可避免的问题。这个问题与后现代人类学的重要课题之间有很深的关系，即人类学家和调查对象之间的关系，或者说书写民族志的主体与被书写的客体之间的关系等密切相关。现代战争是人们的生死攸关的问题，直接关系到国家和国际政治关系。因此，最主要的问题是研究者的政治立场和对报道人的道德责任。那么人类学家应该如何代表或发出被研究者们的"声音"呢？在处理战争问题时，往往会被迫作出一些困难的选择，而这些"声音"也会以最尖锐的方式出现。

在哈钦森和理查兹的民族志中，记载了很多参与了战争的当事人的访谈内容。例如，报道人是以什么为基准选出的？人类学家又是怎样叙述和编辑的？这些有关民族志的叙述方法暂且不论。总之，这些故事直接向我们诉说了战争的经验，也让我们感受到人类学家全身心地投入研究的态度。通过报道人所叙述的内容的记载方式和民族志的分析方法相互照应，使战争民族志整体内容变得非常丰富。

人类学在未来如何深化对战争的研究，以及如何定位自身在战争参与者问题上的立场，这些深刻议题实质上触及了人类学存在的价值与根本使命。

文献来源

1. Malinowski 1968.
2. *International Federation of Red Cross and Red Crescent Societies* 1998:138.
3. *International Federation of Red Cross and Red Crescent Societies* 1998:138.
4. 加藤 1993: 第一章；Creveld 1991:18-25.
5. Prunier 1995:237-268.
6. U. S. Committee for Refugees 1992.
7. *International Federation of Red Cross and Red Crescent Societies* 1998.
8. 加藤 1993:35-39、1998:33-35。
9. 栗本 1996：10-12。
10. Gellner 1964:149.
11. Turton 1997:18-22.
12. レンジャー　1988：72-74。
13. Bayart 1993；Chabal and Daloz 1998.
14. Clapham 1998:6-8.
15. 栗本　1995：146–147。
16. 栗本　1996：第二章；Kurimoto 1994。
17. 栗本　1998 b。
18. 栗本　1996: 第三章、第四章；Kurimoto 1997。
19. Hutchinson 1996:54.
20. Ibid：103.
21. Hutchinson 1996:106-109.
22. Allen 1991.
23. 栗本　1999。
24. Kaplan,R.D, *Balkan Ghosts: A Journey through History*,

London:Macmillan,1993.

25. Kaplan,R.D, The Coming Anarchy: How Scarcity, Crime, Overpopulation, and Disease are rapidly Destroying our Planet, *Atlantic Monthly*, February44-76,1994.

26. Richards 1996:xii-xvii.

27. Ibid: chap.2.

28. Abudullah 1998.

29. Richards 1996:chap.5.

30. Turney-High 1971:254-2.

图 17　祖鲁士兵的进攻

参考文献

[1] アードレイ、ロバート　一九七三（1962）『アフリカ創世記』徳田喜三郎・森本佳樹・伊沢紘生訳、筑摩書房。

[2] アードレイ、ロバート　一九七八（1976）『狩りをするサル』徳田喜三郎訳、河出書房新社。

[3] ヴァイダ、A・P　一九七七（1968）「戦争の諸機能についての諸説」フリード、M/M・ハリス/R・マーフィー編『戦争の人類学』大林太良、蒲生正男、渡辺直経他訳、ぺりかん社、一四七―一五六頁。

[4] エヴァンズ＝プリチャード、E・E　一九九七（1940）『メアー族――ナイル系一民族の生業形態と政治制度の調査記録』向井元子訳、平凡社。

[5] 大林太良　一九八四「原始戦争の諸形態」大林太良編『戦』（シリーズ　日本古代文化の探求）社会思想社、一一―四二頁。

[6] カイヨワ、R　一九七四（1963）『戦争論』秋枝茂夫訳、法政大学出版局。

[7] 加藤朗　一九九三『現代戦争論――ポストモダンの紛争LIC』中央公論社。

[8] 加藤朗　一九九八「脱冷戦後世界の紛争の背景と類型」加藤朗編『脱冷戦後世界の紛争』（国際関係学叢書②）南窓社、一三―三九頁。

[9] カートミル、マット　一九九五『人はなぜ殺すか――狩猟仮説と動物観の文明史』内田亮子訳、新曜社。

[10] ギルモア、デイヴィッド 一九九四『「男らしさ」の人類学』前田俊子訳、春秋社。

[11] グエイエ、ムバイエ/A・アドゥ・ボアヘン 一九八八（1985）「西アフリカにおけるアフリカ人の主体性と抵抗—— 一八八〇年から一九一四年まで」勝俣誠訳、ボアヘン、A・アドゥ（編）、宮本正興責任編集集『ユネスコ・アフリカの歴史 第七巻』（植民地支配下のアフリカ 一八八〇年から一九三五年まで）、同朋舎、一六七—二一四頁。

[12] クラウゼヴィッツ 一九九二（1832—37）『戦争論』（全三冊）篠田英雄訳、岩波文庫。

[13] 栗田英世 一九八六「雨と紛争—ナイル系パリ社会における首長殺しの事例研究」『国立民俗学博物館研究報告』一一巻一号、一〇三—一六一頁。

[14] 栗田英世 一九八八「ナイル系パリ族における jwok の概念—「超人間的力」の民俗認識」『民俗学研究』五二巻四号、二七一—二九八頁。

[15] 栗田英世 一九九五「政治—国家と民族紛争」米山俊直編『現代人類学を学ぶ人のために』世界思想社、一三九—一六〇頁。

[16] 栗田英世 一九九六『民族紛争を生きる人びと—現代アフリカの国家とマイノリティ』世界思想社。

[17] 栗田英世 一九九八 a「戦士的伝統、年齢組織と暴力—南部スーダン・パリ社会の動態」田中雅一編『暴力』京都大学出版会、六九—一〇七頁。

[18] 栗田英世 一九九八 b「周辺化と軍事化—南部スーダン・パリ人と外部勢力」清水昭俊編『周辺民族の現在』世界思想社、九二—一〇八頁。

[19] 栗田英世 一九九九「シエラレオネ内戦とポスト冷戦期のアフリカの紛争」『アジ研ワールド・トレンド』四三号、一四—一七頁。

[20] 栗田英世・井野瀬久美穂（印刷中）「序論―植民地経験の諸相」栗田英世・井野瀬久美穂編『植民地経験』人文書院。

[21] 国立歴史民俗博物館編　一九九六『倭国乱る』朝日新聞社。

[22] サーリンズ、M・D　一九七二（1968）『部族民』(現代文化人類学 5) 青木保訳、鹿島研究所出版会。

[23] 清水昭俊　一九九二「永遠の未開文化と周辺民族―近代西欧人類学史点描」『国立民族学博物館研究報告』一七巻三号、四一七―四八八頁。

[24] シャグノン、N　一九七七（1968)「ヤノマメ族の社会組織と戦争」フリード、M/M・ハリス/R・マーフィー編、大林太良、蒲生正男、渡辺直経他訳『戦争の人類学』ぺりかん社、一八三―二五七頁。

[25] チャナイワ、D　一九八八（1985）「南部アフリカにおけるアフリカ人の主体性と抵抗」砂野幸稔訳、ボアヘン、A・アドゥ（編）、宮本正興責任編集『ユネスコ・アフリカの歴史　第七巻』(植民地支配下のアフリカ　一八八〇年から一九三五年まで）、同朋舎、二七九―三二〇頁。

[26] トマース、E・M　一九八二（1959）『ハームレス・ピープル―原始二生きるブッシュマン』荒井喬・辻井忠男訳、海鳴社。

[27] トンプソン、レナード　一九九八（1995）『新版　南アフリカの歴史』宮本正興、吉國恒雄、峯陽一訳、明石書店。

[28] 西谷修　一九九八『戦争論』講談社学術文庫。

[29] 西谷大　一九九六「中国の戦いの始まり」国立歴史民俗博物館編『倭国乱る』朝日新聞社、一四四―一四七頁。

[30] バランディエ、ジョルジュ　一九八三（1963）『黒アフリカ社会の研究―植民地状況とメシアニズム』井上兼行訳、紀伊国屋書店。

[31] フェリル、アーサー　一九八八（1985）『戦争の起源』鈴木主税・石原正毅訳、河出書房新社。

[32] フォーテス、M/E・E・エヴァンス＝プリッチャード編　一九七二（1940）『アフリカの伝統的政治体系』大森元吉他訳、みすず書房。

[33] 福井勝義　一九八四 a「戦いからみた部族関係―東アフリカにおけるウシ牧畜民 Bodi(Meken) を中心に」『民族学研究』四八巻四号、四七一―四八〇頁。

[34] 福井勝義　一九八四 b「ナーリム族の戦いと平和」『季刊民族学』二九号、六一二三頁。

[35] 福井勝義　一九八五「消えた集落―ナーリム族の戦いと平和Ⅱ」『季刊民族学』三三号、九二―一一頁。

[36] 福井勝義　一九八七「戦争」石川栄他編『文化人類学事典』弘文堂、四二四―四二六頁。

[37] 福井勝義　一九八八「繰り返される戦いのメカニズム―牧畜会社における家畜略奪：南部スーダン・ナーリム族」『季刊民族学』四三号、九〇―一〇七頁。

[38] 藤井純夫　一九九六「西アジアの戦いの始まり」国立歴史民俗博物館編『倭国乱る』朝日新聞社、一四〇―一四三頁。

[39] 藤尾慎一郎　一九九六「弥生戦死者の証言」国立歴史民俗博物館編『倭国乱る』朝日新聞社、四四―四七頁。

[40] フリード、M/M・ハリス /R・マーフィー編　一九七七（1968）『戦争の人類学』大林太良、蒲生正男、渡辺直経他訳、ぺりかん社。

[41] ベネヴィクト、ルース　一九七三年（1934）『文化の型』米山俊直訳、社会思想社。

[42] ボアヘン、A・アドゥ（編）　一九八八（1985）、宮本正興責任編集『ユネスコ・アフリカの歴史　第七巻』（植民地支配下のアフリカ　一八八〇年から一九三五年まで）、同朋舎。

[43] ホッズス　一九六八『リヴァイアサン』（全四冊）水田洋訳、岩波文庫。

[44] ムワンジ、H・A　一九八八「東アフリカにおけるアフリカ

人の主体性と抵抗——一八八〇年から一九一四年まで」富永智津子訳、ボアヘン、A・アドゥ（編）、宮本正興責任編集『ユネスコ・アフリカの歴史　第七巻』同朋舎、二一五―二四二頁。

　　[45] 山田隆治　一九六〇「戦士と戦争」岡正雄編『世界の民族』（図説世界文化史大系２）角川書店、一八五―一九〇頁。

　　[46] 吉田集而　一九九八『不死身のナイティ―ニューギニア・イワム族の戦いと食人』平凡社。

　　[47] リヴィングストン、F・B　一九七七（1968）「戦争が人類に与える生物学的影響」フリード、M/M・ハリス/R・マーフィー編『戦争の人類学』大林太良他訳、ぺりかん社、二五―四四頁。

　　[48] ルソー　一九七二（1755）『人間不平等起原論』本田喜代治・平岡昇訳、岩波文庫。

　　[49] レーンジャー、T・O　一九八八（1985）「分割と征服の時期におけるアフリカ人の主体性と抵抗」赤坂賢訳、ボアヘン、A・・アドゥ（編）、宮本正興責任編集『ユネスコ・アフリカの歴史　第七巻』（植民地支配下のアフリカ　一八八〇年から一九三五年まで）、同朋舎、六七―九四頁。

　　[50] ローレンツ、コンラート　一九七〇（1963）『攻撃―悪の自然誌』（Ⅰ、Ⅱ巻）日高敏隆・久保和彦訳、みすず書房。

　　[51] Abdullah, Ibrahim. *Bush path to destruction: the origin and character of the Revolutionary United Front/Sierra Leone.* The Journal of Modern African Studies.1998, pp. 203-235.

　　[52] Allen, Tim. *Understanding Alice: Uganda's Holy Spirit Movement in Context.* Africa.1991, pp. 370-399.

　　[53] Ardrey, R. *The Territorial Imperative.* Atheneum. 1966.

　　[54] Baxter, Paul Trevor William, and Uri Almagor. *Age, generation and time: Some features of East African age organisations.* 1978.

　　[55] Bayart, Jean-Francois. *The State in Africa: The Politics of the

Belly. London: Longman. 1993.

[56] Behrend, Heike. *War in Northern Uganda: The Holy Spirit Movements of Alice Lakwena, Severino Lukoya & Joseph Kony (1986-1997)*. African guerrillas.1998, pp. 107-118.

[57] Blick, Jeffrey P. *Genocidal Warfare in Tribal Societies as a Result of European-induced Cultural Conflict*. Man .1988 , pp. 654-670.

[58] Bohannan, Paul (ed.). *Law and Warfare*. Natural History Press. 1967.

[59] Bramson, L. and G. W. Goethals (eds.). *War: Studies from Psychology, Sociology, Anthropology*. New York: Basic Books. 1968.

[60] Chabal, Patrick and Jean-Pascal Daloz. *Africa Works: Disorder as Political Instrument*. Oxford: James Currey. 1998.

[61] Chagnon, Napoleon. *Yanomao: The Fierce People*. 3rd ed. New York: Holt, Rinehart and Winston. 1983.

[62] Clapham, Christopher (ed.). *African Guerrillas*. Oxford: James Currey. 1998.

[63] Cohen, Ronald. *Warfare and state formation: Wars make states and states make wars*. Warfare, culture, and environment.1984, pp. 329-358.

[64] Creveld, Martin van. *On Future War*. London: Brassey' s. 1991.

[65] Crowder, Michael (ed.). *West African Resistance: The Military Response to Colonial Occupation*. London: Hutchinson & Co. 1971.

[66] Datta, Ansu. *The Fante Asafo: A Re-examination*. Africa. 1972, pp. 305-315.

[67] Dennen, Johan M. G. van der. *The Politics of Peace in Primitive Societies: The Adaptive Rationale behind Corroboree and Calumet*. Indoctrinability, Ideology, and Warfare: Evolutionary

Perspectives.1998, pp. 151-185.

[68] Drechsler, Horst. *Let Us Die Fighting: The Struggle of the Herero and Nama against German Imperialism (1884-1915)*. London: Zed Books. 1980(1968).

[69] Edgerton, Robert B. *Like Lions They Fought: The Zulu War and the Last Black Empire in South Africa*. New York: Free Press. 1988.

[70] Ember, Carol R. and Melvin Ember. *Resource Unpredictability, Mistrust, and War: A Cross-cultural Study*. Journal of Conflict Resolution.1992, pp. 242-262.

[71] Ewers, John C. *The Blackfeet: Raiders on the Northwestern Plains*. Norman: University of Oklahoma Press. 1976(1958).

[72] Ferguson, R. Brian (ed.). *Warfare, Culture, and Environment*. Orlando: Academic Press. 1984.

[73] Ferguson, R. Brian. *A Savage Encounter: Western Contact and the Yanomani War Complex*. War in the Tribal Zone: Expanding States and Indige-nous Warfare. Santa Fe: School of American Research Press. 1992, pp. 199-227.

[74] Ferguson, R. Brian and Neil L. Whitehead. *The Violent Edge of Empire*. War in the Tribal Zone: Expanding States and Indigenous Warfare. Santa Fe: School of American Research Press.1992, pp. 1-30.

[75] Freud, Sigmund. *Why War?* War: Studies fromPsychology, Sociologs, Anthropology. New York and London: Basic Books.1968, pp. 71-80.

[76] Fukui, Katsuyoshi and David Turton (eds.). *Warfare among East African Herders (Senri Ethnological Studies 3)*. Osaka: National Museum of Ethnology. 1979.

[77] Fukui, Katsuyoshi and John Markakis (eds.). *Ethnicity and Conflict in the Horn of Africa*. London: James Currey. 1994.

[78] Fynn, J. K. *Ghana-Asante (Ashanti)*. West African Resistance.

London: Hutchinson & Co.1971, pp. 19-52.

[79] Gantzel, K. J. *War in the Post World War II World: Some Empirical Trends and a Theoretical Approach*. War and Ethnicity: Global Connections and Local Violence. Rochester, New York: University of Rochester Press.1997, pp. 123-144.

[80] Gellner, E. *Thought and Change*. London: Weidenfield and Nicholson. 1964.

[81] Gluckman, Max. *The Peace in the Feud*. In Custom and Conflict in Africa. Oxford: Blackwell. 1956.

[82] Gregor, Thomas. *Introduction*. A Natural History of Peace, Nashville and London: Vanderbilt University Press. 1996.

[83] Gregor, Thomas and Clayton A. Robarchek. *Two Paths to Peace: Semai and Mehinaku Nonviolence*. A Natural History of Peace, Nashville and London: Vanderbilt University Press. 1996, pp. 159-188.

[84] Gwassa, G. C. K. *African Methods of Warfare during the Maji Maji War 1905-1907*. In Bethwell A. Ogot (ed.), War and Society in Africa. Frank Cass & Co. Ltd. 1972, pp. 123-148

[85] Haas, Jonathan (ed.). *The Anthropology of War*. Cambridge University Press. 1990.

[86] Hallpike, C. R. *Functionalist Interpretations of Warfare*. Man (n. s.) 1973, pp. 451-470.

[87] Harrison, Simon. *The Mask of War*. Manchester and New York: Manchester University Press. 1993.

[88] Heider, Karl G. *The Dugum Dani: A Papuan Culture in the Highlands of West New Guinea*. New York: Wenner-Gren Foundation for Anthropological Research. 1970.

[89] Howell, Signe and Roy G. Willis. *Societies at Peace*. London: Routledge. 1989.

[90] Hutchinson, Sharon. *Nuer Dilemmas: Coping with Money,*

War, and the State. Berkeley: University of California Press. 1996.

[91] Iliffe, John. *A Modern History of Tanganyika*. Cambridge: Cambridge University Press. 1979.

[92] International Federation of Red Cross and Red Crescent Societies. *World Disaster Report*. London: Oxford University Press. 1998.

[93] James, William. *The Moral Equivalent of War*. In L. Bramson and G. W. Goethals (eds.). War: Studies from Psychology, Sociology, Anthropology. New York and London: Basic Books. 1968(1910), pp. 21-31.

[94] Johnson, Douglas H. *The Fighting Nuer: Primary Sources and the Origins of a Stereotype*. Africa.1981, pp.508-527.

[95] Johnson, Douglas H. *Tribal Boundaries and Border Wars: Nuer-Dinka Relations in the Sobat and Zaraf Valleys*. Journal of African History .1982, pp.183-203.

[96] Johnson, Douglas H. *Nuer Prophets: A History of Prophecy from the Upper Nile in the Nineteenth and Twentieth Centuries*. Oxford: Clarendon Press. 1994.

[97] Keegan, John. *A History of Warfare*. London: Pimlico. 1994(1993).

[98] Keeley, Lawrence H. *War before Civilization*. New York: Oxford University Press. 1996.

[99] Knight, Ian. *The Anatomy of the Zulu Army: From Shaka to Cetshwayo 1818-1879*. London: Greenhill Books. 1995.

[100] Knight, Ian and Ian Castle. *The Zulu War 1879(Osprey Military Campaign Series 14)*. London: Osprey. 1992.

[101] Kurimoto, Eisei. *Natives and Outsiders: The Historical Experience of the Anywaa of Western Ethiopia*. Journal of Asian and African Studies (Tokyo) .1992, pp.1-43.

[102] Kurimoto, Eisei. *Civil War and Regional Conflicts: The Pari and Their Neighbours*. In K. Fukui and John Markakis (eds.). Ethnicity and Conflict in the Horn of Africa, London: James Currey. 1994, pp. 95-111.

[103] Kurimoto, Eisei. *Coping with Enemies: Graded Age System among the Pari of Southeastern Sudan*. Bulletin of the National Museum of Ethnology .1995, pp.261-311.

[104] Kurimoto, Eisei. *Politicization of Ethnicity in Gambella Region*. In K. Fukui, E. Kurimoto and M. Shigeta (eds.). Ethiopia in Broader Perspective, vol. II. Kyoto: Shokado Book Sellers.1997, pp. 798-815.

[105] Kurimoto, Eisei. Resonance of Age Systems in Southeastern Sudan. In Eisei Kurimoto and Simon Simonse (eds.). Conflict, Age & Power in North East Africa: Age Systems in Transition, Oxford: James Currey. 1998,pp. 29-50.

[106] Lacey, Theresa Jensen. *The Blackfeet*. New York and Philadelphia: Chelsea House Publishers. 1995.

[107] Lamphear, John. *The Evolution of Ateker 'New Model' Armies: Jie and Turkana*. In K. Fukui and John Markakis (eds.). Ethnicity and Conflict in the Horn of Africa , London: James Currey. 1994, pp. 63-92.

[108] Lamphear, John. *Brothers in Arms: Military Aspects of East African Age-class Systems in Historical Perspective*. In Eisei Kurimoto and Simon Simonse (eds.). Conflict, Age & Power in North East Africa: Age Systems in Transition, Oxford: James Currey. 1998, pp. 79-97.

[109] Lan, David. *Guns and Rain: Guerrillas and Spirit Mediums in Zimbabwe*. London: James Currey. 1985.

[110] Legesse, Asmaron. *Gada, Three Approaches to the Study of African Society*. New York: Free Press. 1973.

[111] Malinowski, Bronislaw. *An Anthropological Analysis of War*. In L. Bramson and G. W. Goethals (eds.). War: Studies from Psychology, Sociology, Anthropology, New York and London: Basic Books. 1968(1941), pp. 245-268.

[112] Markakis, J. *Ethnic Conflict and the State in the Horn of Africa*. In K. Fukui and J. Markakis (eds.). Ethnicity and Conflict in the Horn of Africa, London: James Currey.1994, pp. 217-237.

[113] Mazrui, Ali A. *The Resurrection of the Warrior Tradition in African Political Culture*. Journal of Modern African Studies .1975, pp.67-84.

[114] McCauley, C. *Conference Overview*. In Jonathan Haas (ed.). The Anthropology of War, Cambridge: Cambridge University Press. 1990, pp. 1-25.

[115] Mead, Margaret. *Warfare is Only an Invention-Not a Biological Necessity*. In L. Bramson and G. W. Goethals (eds.). War: Studies from Psychology, Sociology, Anthropology, New York and London: Basic Books. 1968(1940), pp. 269-274.

[116] Meggitt, M. *Blood is Their Argument*. Palo Alto: Mayfield. 1977.

[117] Middleton, John. *Lugbara Religion: Ritual and Authority among an East African People*. London: Oxford University Press. 1960.

[118] Middleton, John. *The Lugbara of Uganda*. New York: Holt, Rinehart and Winston. 1965.

[119] Ogot, Bethwell A. (ed.). *War and Society in Africa*. London: Frank Cass & Co. Ltd. 1972.

[120] Omer-Cooper, J. D. *The Zulu Aftermath: A Nineteenth-Century Revolution in Bantu Africa*. London Longman. 1966.

[121] Otterbein, Keith F. *The Evolution of Zulu Warfare*. In P. Bohannan (ed.). Law and Warfare, New York: Natural History Press.

1967, pp351-358.

[122] Otterbein, Keith F. *The Evolution of War: A Cross-Cultural Study.* 3rd ed. New Haven: HRAF Press. 1989.

[123] Pospisil, Leopold. *Kapauku Papuans and Their Law.* New Haven: Department of Anthropolog, Yale University. 1958.

[124] Prunier, Gerard. *The Rwanda Crisis 1959-1994: History of a Genocide.* Hurst & Company. 1995.

[125] Ranger, T. O. *Revolt in Southern Rhodesia 1896-7.* London: Heinemann. 1967.

[126] Rapoport, David C. *Foreword.* In Harry H. Turney-High. Primitive War: Its Practice and Concepts, pp. v-xi. Columbia: University of South Carolina Press. 1971.

[127] Richards, Paul. *Fighting for the Rain Forest: War, Youth & Resources in Sierra Leone.* Oxford: James Currey. 1996.

[128] Robarchek, Clayton A. *Hobbesian and Rousseauan Images of Man: Autonomy and Individualism in a Peaceful Society.* In Signe Howell and Roy G. Willis (eds.). Societies at Peace, London: Routledge. 1989, pp. 31-44.

[129] Ross, Doran H. *Fighting with Art: Appliquéd Flags of the Fante Asafo.* UCLA Museum of Cultural History Pamphlet, vol. 1, no. 5. 1979.

[130] Ross, Jane B. *Effects of Contact on Revenge Hostilities among the Achuara Jivaro.* In R. Brian Ferguson (ed.). Warfare, Culture, and Environment, Orlando: Academic Press.1984, pp. 83-109.

[131] Simonse, Simon and Eisei Kurimoto. *Introduction.* In Kurimoto Eisei and Simon Simonse (eds.). Conflict, Age & Power in North East Africa: Age Systems in Transition, Oxford: James Currey. 1998, pp. 1-28.

[132] Smith, Robert S. *Warfare and Diplomacy in Pre-Colonial*

West Africa. London: Methuen & Co. Ltd. 1976.

[133] Spring, Christopher. *African Arms and Armour*. London: British Museum Press. 1993.

[134] Stoller, Paul. *Embodying Colonial Memories: Spirit Possession, Power, and the Hauka in West Africa*. New York and London: Routledge. 1995.

[135] Turney-High, Harry H. *Primitive War: Its Practice and Concepts*. Columbia: University of South Carolina Press. 1971(1949).

[136] Turton, David. *'We Must Teach Them to be Peaceful': Mursi Views on Being Human and Being Mursi*. Nomadic Peoples .1992, pp.19-33.

[137] Turton, David. *Mursi Political Identity and Warfare: the Survival of an Idea*. In K. Fukui and John Markakis (eds.). Ethniciy and Conflict in the Horn of Africa, London: James Currey.1994, pp. 15-31.

[138] Turton, David. *Introduction: War and Ethnicity*. In David Turton (ed.). War and Ethnicity: Global Connections and Local Violence, Rochester, New York: University of Rochester Press. 1997, pp. 1-45.

[139] S. Committee for Refugees. *World Refugee Survey 1992*. U. S. Committee for Refugees. 1992.

[140] Vayda, Andrew P. *Maori Warfare*. Auckland: Polynesian Society. 1960.

[141] Vayda, Andrew P. *Primitive Warfare*. In David L. Sills (ed.). International Encyclopedia of the Social Sciences, vol. 16, New York: Macmillan. 1968, pp. 468-472.

[142] Vayda, Andrew P. *War in Ecological Perspective: Persistence, Change, and Adaptive Processes in Three Oceanian Societies*. New York: Plenum. 1976.

[143] Washburn, S. L. and C. S. Lancaster. *The Evolution of*

Hunting. In R. B. Lee and I. DeVore (eds.). Man the Hunter, Chicago: Aldine.1968, pp. 293-303.

[144] Watkins, Trevor. *The Beginnings of Warfare.* In John Hackett (ed.). Warfare in the Ancient World, New York, Oxford and Sydney: Facts of Life. 1989. pp. 15-35.

[145] Welch. Jr. Claude E. *Continuity and Discontinuity in African Military Organization.* Journal of Modern African Studies 1975, pp.229-248.

[146] Wright, Quincy. *The Study of War.* In David L. Sills (ed.). International Encyclopedia of the Social Sciences, vol.16, New York: Macmillan. 1968, pp. 453-468.